珍藏本
纪念版

汉译世界学术名著丛书

社会静力学

（节略修订本）

〔英〕赫伯特·斯宾塞 著

张雄武 译

商务印书馆
SINCE 1897
The Commercial Press

2017年·北京

Herbert Spencer

SOCIAL STATICS

Williams and Norgate

根据英国威廉斯-诺盖特公司 1902 年版译出

汉译世界学术名著丛书
（120 年纪念版·珍藏本）
出 版 说 明

2017 年 2 月 11 日，商务印书馆迎来 120 岁的生日。120 年前，商务印书馆前贤怀揣文化救国的理想，抱持“昌明教育，开启民智”的使命，立足本土，放眼寰宇，以出版为津梁，沟通中西，为中国、为世界提供最富智慧的思想文化成果。无论世事白云苍狗，潮流左右激荡，甚至战火硝烟弥漫，始终践行学术报国之志，无改初心。

迻译世界各国学术名著，即其一端。早在 20 世纪初年便出版《原富》《天演论》等影响至今的代表性著作，1950 年代后更致力于外国哲学和社会科学经典的译介，及至 1980 年代，辑为“汉译世界学术名著丛书”，汇涓为流，蔚为大观。丛书自 1981 年开始出版，历时三十余年，迄今已推出七百种，是我国现代出版史上规模最大、最为重要的学术翻译工程。

丛书所选之书，立场观点不囿于一派，学科领域不限于一门，皆为文明开启以来，各时代、各国家、各民族的思想与文化精粹，代表着人类已经到达过的精神境界。丛书系统译介世界学术经典，引领时代思想，为本土原创学术的发展提供丰富的文化滋养，为推动中国现代学术和现代化进程做出了突出的贡献。

为纪念商务印书馆成立120周年，我们整体推出“汉译世界学术名著丛书”120年纪念版的珍藏本，寄望既利于文化积累，又便于研读查考，同时向长期支持丛书出版的译者、编者和读者致以敬意。

两甲子后的今天，商务印书馆又站在了一个新的历史时间节点上。我们不仅要铭记先辈的身影和足迹，更须让我们的步伐充满新的时代精神。这是商务人代代相传的事业，更是与国家和民族的命运始终紧密相连的事业。我们责无旁贷，必须做好我们这代人的传承与创造，让我们的努力和成果不仅凝聚成民族文化的记忆，还能成为后来人可以接续的事业。唯此，才能不负前贤，无愧来者。

商务印书馆编辑部

2017年10月

出版说明

赫伯特·斯宾塞(1820—1903)是英国著名的社会学家、哲学家,是社会进化论和社会有机体论的早期代表人物。他早在达尔文的《物种起源》(1859)发表之前就提出了社会进化的思想,认为进化是一个普遍的规律,认为社会同生物一样是一个有机体,在这两种有机体之间存在着许多相似之处。因此他极力主张把生物学中“生存竞争、适者生存”的学说应用于社会领域。他的思想对世界各国社会学的发展产生了重要影响。早在1902年严复即以《群学肄言》的书名把他的代表作《社会学研究》译介到我国来。

《社会静力学》是斯宾塞的第一部学术著作,也是他研究社会和政治学说的主要著作之一。正如作者本人所言,这部著作“包含了自1850年以来已经有很大发展的一些思想或思想的萌芽”。因此研究斯宾塞的思想,此书不可不读。

本书于1850年12月问世。1890年作者鉴于他本人学术观点和客观情况的发展变化,对全书作了删节压缩和一些文字上的修订,于是就有了我们现在迻译的这个节略修订本。

商务印书馆编辑部

1994年8月

目　　录

序　　言

这部著作于1850年12月出版时，按其原来形式，名为《社会静力学：或，人类幸福基本条件的说明，及其中首要条件的详细论述》。经过了好几年——我想大约10年——这一版售罄，因为需求似乎不太大，没有理由重排新版，决定由美国进口一版——当时在美国，本书已用铅版印刷。在这一版售出后，第三版也是同样进口的。

这时我已摒弃由原来制定的第一原理引出的某些结论。此外，虽然我仍旧信奉这项第一原理，但作为提出它的根据之一也已被我放弃。因此在接连几版前面我都附加声明，表示某些原来宣布的理论需要修改；但我却没有做这些需要做的改动，因为如果做这些改动，我就不得不搁置更加重要的工作。终于，已经变得很明显的是，我的预先声明没有阻止别人对我后来的信仰产生误解；因此，10年前，在第三版书全部售完后，我决定不再用进口来满足仍然存在的需求。

可是，既然已经阐述的基本思想和许多推论仍然存留在我心里，我就一直想把它们用一种永久性的容易查找的形式保存下来；于是在1890年，我在暇时把这部著作通读了一遍，删去某些部分，压缩另一些部分，对全书进行了一次仔细的文字上的修订。其完全自成体系的部分现在被《伦理学原理:公正》一书的第四部分代替了;在这一部分里原来以不完善形式阐述的伦理学说,不再那么粗糙,而成为科学的、有连贯性的了。但是《伦理学原理:公正》一书既没有包括《社会静力学》一书内建设性部分之前的讨论,也没有包括在快结尾时指出政治上含义的一系列章节;而这两部分似乎都是值得保留的。

我也希望保留某些段落。它们包含了自1850年以来已经有很大发展的一些思想或思想的萌芽。这些段落具有一种传记-历史的重要性,因为它表明了思想发展的各个阶段。其中比较重要的见第28—29页、31—33页、119—120页、146—147页、176页、200—202页、239—240页、244—247页、261—264页。[①]

这部著作的后一部分,多处引述了当时的重大事件和写作时还存在的机构;由于随后40年中社会的变化,它们已不那么切题,或者变得毫不相干了。但是似乎最好还是让它们照原样保留下来;这部分是因为虽然它们根据的资料已经改变,那些论证却仍然有效;部分是因为如果代之以别的例证,就需要我付出比目前我能付出的更多劳动;部分是因为即使把例证改为切合当今现实的,随着时间的推移,它们很快又会变成陈旧的。

我最初想把这本书,或更确切地说,一本书的一部分,称为《社会静力学片断》,后来又想称为《社会静力学选编》。可是这两个书名所表示的似乎都是若干部分的集合体,远未反映它实际所包含的连贯性。另一方面,称之为节略本也会引起误解,因为这个词不

① 此处页码已改为本书页码。——译者

能表明若干大的、结构上重要的部分已被删去。然而没有一个书名看来是恰如其分的；最后我判定还是《社会静力学，节略修订本》这个书名不恰当的程度最小。

1892 年 1 月于伦敦

作为直接目标的幸福

一条规则、原理或公理，假定在其他方面都令人满意的话，也只有在表达它的词句意义明确时，才有价值。因此我们不得不认为，当宣称“最大多数人的最大幸福”，或者说“最大幸福”，是社会道德的规范时，其首倡者必然设想人类对“最大幸福”这一概念有着一致的见解。

可是这种设想是不能成立的，因为幸福的标准变化无常。我们发现在各个时代，在各个民族中间，就各个阶级来说，人们对它的看法都是不同的。流浪的吉普赛人认为一个固定的家是令人厌倦的，而一个瑞士人如果没有家园就感到非常不幸。希伯来人的天堂是“一座由黄金和宝石建造的城市，有着异常丰富的五谷和美酒”；土耳其人的天堂是“充斥妖艳美女的闺房”；美洲印第安人的天堂则是一个“快乐的猎场”。在挪威人的乐园里，每天都有战争和对创伤的神奇治疗；而澳大利亚人所希望的是在死后“一跃而起变成一个白种人，拥有许许多多的6便士硬币”。再往下看看个人的情况，我们发现路易十六把“最大幸福”解释为“建造水闸”的意思，而他的继承人却把它解释为“建造帝国”。在吝啬鬼埃尔威斯那样的人看来，积聚金钱是生活中唯一的享受，而“桑福德和默顿”的乐善好施的作者戴却认为把钱分给别人才是唯一的乐事。商人和艺术家的雄心壮志绝不会是一样的；如果我们能把庄稼汉和哲学家的空中楼阁比较一下，就会发现它们的建筑风格迥然不同。

把这些事实概括起来，我们就会知道"最大幸福"的概念和人性的其他要素一样，变化无常。在各民族之间，意见悬殊是很明显的。若把希伯来的长老们和他们现存的后裔作一番对比，我们看到甚至在同一种族内，生活的最高理想也在变化。每个社区内的成员对这一问题的看法也不一致。如果我们把一个贪食的学童的愿望，和他后来成长为鄙视世事的先验论者时的愿望比较一下，我们就会发现，在个人身上也绝非一成不变。

这其中的道理是够简单的。幸福意味着人体各种机能都得到满足的状态。一种机能的满足是通过对它的运用产生的。要使人愉快，这种运用必须与机能的力量相称；使用不足就产生不满，使用过度就产生疲劳。因此，要获得完全的幸福，就要把所有机能按其各自发展的比例加以使用；为达到这一目的而对各种环境作出的理想安排就构成"最大幸福"的标准。但是，没有任何两个人的心智包含相同的要素组合。每个人对各种欲望的权衡都不相同。因此，适合于一个人的最高享受的条件，对于任何一个别的人来说，就不会完全达到同一目的。因而幸福的概念必然随各人的爱好与性格而变化；那就是说，它必然变化无穷。

有人可能辩解说，以上所述都是些吹毛求疵的异议，实际上我们对"最大幸福"的意义是有相当一致的认识的。这种辩解很容易驳倒；因为有许多问题，对这些无端指摘者来说，是足够实际的，可是关于这些问题，人们根本没有表现出这种假定的一致。举例说：

——在精神和肉体的享受之间，什么样的比例才构成"最大幸福"呢？到某一极限为止，更多的精神活动产生更大的幸福；但超过这一极限，更多的精神活动就会产生痛苦而不是快乐了。这个极限在什么地方呢？有些人似乎认为智力的培育和由之产生的满足是几乎不可能过度的。另一些人则主张，在受过教育的阶级中间，精神上的刺激已经过多，假如把更多的时间用于体力活动，就会获得更多的享受。如果以"最大幸福"作为准则的话，决定这些意见之中哪些是正确的就变得很必要；而且还要进一步确定，每种机能的利用和滥用之间的界限。

——在人们所希求的幸福中，最真实的要素究竟是满足还是渴望？一般认为当然是满足。可是也有另外一些人认为，如果不是因为有不满足的思想，我们今天将仍然是野蛮人。在他们眼里，不满足是追求进步的最大动力。不仅如此，他们还认为，假如满足成为普遍的现象，即使在现在，社会也会开始衰退。有必要把这些互相矛盾的理论加以调和。

——"功利"，"最大幸福"的这一同义词，包括些什么呢？千百万人会把它局限于直接或间接满足肉体需要的东西，即"帮忙弄些东西放进锅里"这句谚语中所说的东西。另外有些人则认为，智力的培育，不论所谓实际效果如何，其本身就是有用的，因此要教天文学、地质学、解剖学、人种学等等，还要加上逻辑学和形而上学。罗马作家中有些人把从事美术看做不良行为；与他们不同，现在许多人认为，功利包括诗、画、雕刻以及有助于提高审美力的一切事物。还有更极端的一部分人，主张音乐、舞蹈、戏剧，以及通常称为娱乐的东西，同样应该包括进去。我们应该取得一致看法，以代替这些分歧的意见。

——我们是采纳某些人的理论，认为幸福意味着尽可能享受当前生活中的快乐，还是采纳另一些人的理论，认为幸福也包括对未来生活中的愉快预为准备呢？如果我们进行调和，说应该把两者结合起来，那么每一方面又该在这一组合中占多大的比例呢？

——我们应当怎样看待我们这个追求财富的时代呢？是认为把全部时间和精力投入事业中——把生命用在积累生活资料上，就构成“最大幸福”，并照此行事呢？还是如何去考虑把这看做幼虫贪食以吸取物质为了将来发展成为蛾子？

所以不仅关于“最大幸福”的意义要取得一致见解在理论上是不可能的，而且很明显，在为了作出决定必须首先有明确概念的一切问题上，人们都是有争议的。因此，在指引我们走向“最大多数人的最大幸福”，把它当作我们航行的目标时，我们的领航人对我们的耳朵守约，却对我们的希望违约。他通过望远镜指给我们看的，只是海市蜃楼，而不是理想的天国。人们所寻求的真正的避风港远在地平线之下，还没有人看见过。指引我们前进的必然是信念，而不是视觉。我们不能没有指南针。

没有指导的权宜之计

即使权宜制度的基本主张没有这样因其措辞不明确而受到损害，它也是站不住脚的。为便于进行辩论，姑且认为渴望得到的东西，即“最大幸福”，已被充分理解，它的特点和性质已为一切人所同意，它处在什么方位也得到了满意的解决，即使这样，说可能依靠经验来决定用什么方法获得它，仍然是没有正当根据的假定。经验每天都在证明，正如关于企求的具体目的存在不确定性一样，假定目的已知，关于达到目的的正确方法也存在着不确定性。让我们看几个事例。

巴伐利亚规定不准许没有资产的人结婚，除非某些当局能够“看出双方有能力抚养子女的合理前景”，当时的意图是为了制止无长远考虑的婚姻和过多的人口，以促进公共福利；大多数政治家会认为这一目的是值得称赞的，许多人会觉得为保证这个目的这一规定是适合的。可是这看起来很明智的措施却根本未能达到它的目的：在这个王国的首都慕尼黑出生的儿童几乎有一半是私生子！

也是出于令人钦佩的动机和使人信服的理由，我们的政府在非洲海岸建立了一支军队来查禁奴隶贸易。对于“最大幸福”来说，还有什么比消灭这种可憎的交易更为紧要呢？而且，由每年

70 万镑开支所支持的 40 艘战舰怎么会完不成这任务呢？可是结果却完全不能令人满意。当英国的废奴主义者拥护这样做的时候，他们很少想到，这样一种措施并没有阻止，而只是“加剧了这种交易的恐怖性，而且没有明显减轻交易的程度”；很少想到，它会产生舱距仅 1 英尺 6 英寸的快速航行运奴船，由于过度拥挤而造成的窒息、各种可怕的疾病，以及 35%的死亡率。他们做梦也未想到，当情况十分紧急时，一个奴隶贩子会把由 500 个黑人组成的整批货物丢进海里；他们也想不到，在被封锁的海岸，失望的贩奴头子们会像在加利纳斯那样，处死 200 个男人和女人，把他们的头颅沿岸插在杆子上，置于舰队看得到的地方。[①] 简言之，他们从未预料到，他们竟不得不像他们现在所做的那样，请求放弃压制的办法。

斯皮特尔菲尔兹的织布工为我们提供了另一适当的事例。毫无疑问，引导他们去获得规定最低工资的 1773 年法令的诱惑是强有力的；预期这一法令的实施会带来更大的舒适必然使所有的人觉得十分合理。可是，很不幸，织布工们没有考虑到禁止按更低工资从事工作的后果：他们几乎没有料想到，在 1793 年以前，由于生意转到别处去，约有 4,000 台纺织机被迫停止运转。

为了产生“最大幸福”，减轻贫困看起来是很必要的，英国人民抱着这一目的批准了 100 多项议会法令；每一项法令都是因为以前通过的法令失败或不完善而提出的。可是人们对“济贫法”仍然感到不满，我们似乎还是和以往一样远远不能使这些法律得到满

① 参看反奴隶制协会 1847 年报告，及 1848 年对议会委员会提出的证词。

意的解决。

但是为什么要引述个别事例呢？难道一切国家的经验不是都在证明这些专凭经验来获致幸福的企图都是无效的吗？法律全书岂非只是这些不幸猜测的记录吗？历史岂非只是关于它们不成功结果的记述吗？我们现在又有多少进展呢？难道我们的政府不仍然在忙忙碌碌，好像制定法律的工作仅仅从昨天才开始吗？几乎每一次议会的活动都是默认它的无能。很少有一次提出的法案不是名为“修正某一法令的法令”。几乎所有前言中的“鉴于”都宣告那是一篇关于以前立法的失误的叙述。

可是权宜哲学却忽视这个充满事实的世界。尽管人们通过立法去争取“最大幸福”这一复杂整体中任何渴望得到的成分的企图如此经常地受到挫折，它却继续把信心置于政治家们不要外界帮助的判断上。它不要求指导；它不具有任何折中的原则；而却假定只要经过对民族生活各种现象的总体进行一番考察之后，政府就有资格设计这类会成为“权宜之计的”措施。它把对人性的解释看得那么容易，把社会有机体的结构看得那么简单，把人们行为的原因看得那么显而易见，只要经过一番一般性的考察，就能给“集体智慧”以制定法律所必需的洞察力。

假如牛顿没有对地球物质的性质进行任何事先的调查，就立刻开始研究太阳系的动力学，花费若干年去观察太阳系，记下它的各个星体的距离、体积、周转时间、轴线倾斜度、轨道形状、摄动，等等，然后对这积累下来的大量观察结果进行细心思考，引出对星体运动的物理解释，那么他也许思考了一辈子也不能到达真理。

但是尽管这种研究方法曾经如何无效，它比起只通过对错综复杂的组合——社会——进行一番没有指导的考察，就企图找出公共政治的原理来，还是略胜一筹的。考虑到人们还不能十分完全地理解人——法律发挥作用所凭借的工具和所依据的材料，而且对单位——人——的认识，还只是对群体——社会——的认识的第一步，看来很明显，要从一般人类所呈现的复杂现象去推断出一种真正的社会生活哲学，并根据它去创立一部包括获致“最大幸福”的各项规则的法典，是超出任何有限心智能力的一项任务。

道德意识学说

假如只是看到进食可以得到某些好处，而没有任何其他诱惑的话，我们的身体几乎不可能像现在这样照料得这么好。人们完全可以想象，假如我们被剥夺了食欲这一严守时刻的提示者，而只是服从某些经过考虑得出的规则法典的指导，那么，尽管这些规则从没有像现在这样富于哲理，服从它们的好处从没有像现在这样明显，它们也只会成为一种很没有效率的替代者。或者，假如没有强烈的爱情引导人们去抚养、保护他们的子孙，而只有关于维持地球上人口是适当的或必要的这种抽象意见，那么养育后代所引起的麻烦、焦虑和费用是否不会如此远远超过预期的利益，以致使人类这一物种迅速消亡，也是颇成问题的。又，假如除了身体和种族这些需要之外，我们天性的其他各种要求也都同样只交给理智去照顾，假如对知识、财产、自由、名誉、友谊的追求，都只是遵从理智的指挥，那么我们的调查研究将会极其频繁，我们的计算将会极其复杂，我们的决定将会极其困难，整个生活将会为搜集例证及衡量各种可能性而忙碌不停。在这样的安排下，功利主义哲学实际上倒是真正有说服力的；因为既然依靠由计算得出的最终结果建立起来的一套管理方法已经控制了个人，那么只消把这套方法应用于社会就行了。

可是，自然的方法却完全不同。与我们需要采取的每一行动相符合，我们发现在我们心中都有某种被称为欲望的激励者；行动愈重要，我们想做它的冲动就愈强大，由之产生的满足就愈强烈。例如，对食物、睡眠和温暖的渴望是无法抗拒的；与预见到的好处完全无关。种族的延续是由另一些同等强大的欲望所保证的，人们不是服从理性，而是经常抗拒理性而听从那些欲望的指挥。推动人们去积聚生活资料的，并非仅仅是对其后果的看法，这一点已由守财奴的存在而得到证明，在他们心中强烈的占有欲得到了满足，然而却并没有考虑这是否会有助于达到什么目的。

那么我们是否可以合理地期待也有类似的手段去激励被称作道德的行为呢？所有的人都应当承认我们是受本能的指引去寻求身体上的福利；人们达到另一些重要目的的家庭关系也是从本能产生的；而某些名叫情感的激励者则通过调整社会交往以确保我们的间接利益。那么是否可能有一种相似的心理机制自始至终在起作用；每个人的正直行为对于一切人的幸福是必要的，那么是否可能在我们身上存在一种产生这种行为的冲动，或者，换言之，是否可能我们具有一种“道德意识”呢？

为了反对这一结论，有人强调说，假如存在这样一种作用，人们对于设想的它的命令就会表现出比事实上更加明显的服从。关于什么是正确行动什么是错误行动的意见，就会有更大的一致性；我们就不应当像现在这样，发现一个人或一个国家，把另一个人或国家看做恶行的事视为美德：印度暗杀团团员把欧洲人为之毛骨悚然的暗杀看做一种宗教行为；埃及人夸耀他成功的谎言；红印第安人为他永不消失的复仇心感到自负。

这一反对意见尽管看起来是压倒性的，却可以这样来加以反驳：没有人否认前面已经提到的那种本能的普遍存在，这种本能促使人们去吃维持生命所必需的食物；也没有人否认这样的本能是十分有益的，很可能对生存是至关重要的。可是，也不乏无限有害的不适合的事由于它的支配而产生。人人都知道食欲并不总是正确地指导人们去选择食物，无论在质的方面或量的方面。也没有任何人能主张食欲的指令在不同个人、不同民族的身上都是一致的。在父母之爱的作用方面也可以找到类似的不规则性。在我们自己人中，它的有益的支配还是比较规则的。可是在许多地方，现在还和过去一样，常有杀害婴儿的事。在欧洲的远古时代，把婴儿遗弃听任野兽摆布是常有的事。斯巴达人的习惯是，把所有未经一个老人委员会批准的新生婴儿丢进为此目的而挖掘的公共的坑内。那么，如果辩称，由于人们的道德法典缺乏一致性，加上它们影响力的微弱和不公平，可以证明激励正当行动的情感并不存在，那就必然可以推断，由于人们对食物和子女行为的类似的不规则性，所以食欲和父母之爱这样的感情也不存在。可是，既然在一类问题上，我们并没有作出这种推断，那么在另一类问题上也就不能这样做。

我们具有可以并非不恰当地称为道德意识的某种东西，这可以由那些断言我们没有它的人嘴里说出的证据来最好地加以证明。边沁出于无心地从他否认其存在的一则名言中引申出他的最初主张。在谈到沙夫茨伯里时，他评论道："有一个人说他有一件东西是特意用来告诉他什么是对的，什么是错的；它名叫道德意识;然后他就自由自在地去工作,说某某事情是对的,某某事情是错的。为什么?‘因为我的道德意识告诉我是这样的。’”现在边沁自己的原理也没有什么别的权威,这对他来说未免有点不幸。可是把他那条行为准则放到善于批评的人手中,我们很快就会发现事实的确如此。让我们来做这件事吧。

贵族说:“这么说来,你们认为我们统治的目的应该是‘最大多数人的最大幸福’?”

“这正是我们的意见,”请愿的平民答道。

“唔,好的,让我们看看你们的原则包含些什么。假设人们,像通常那样,在某一点上愿望有了分歧;再假设,形成较大一派的那些人,由于采取某一行动,每个人将得到一定数量的幸福,而形成较小一派的那些人,由于采取相反的行动,每个人也将得到相同数量的幸福;那么,如果以“最大幸福”作为我们的指导方针,结论岂不必然是,较大的一派可以爱怎么做就怎么做吗?”

“当然是这样。”

“那就是说,如果那些希望采取你们做法的人是100人,而那些希望采取我的做法的人是99人,假如两方面每个人存亡攸关的满足数量相等,那就必须选择你们的幸福。”

“一点不错,我们的原则就包含这一点。”

“这样看来,在这种场合,你们是根据两派之间的数目大小来作出决定的,你们假定一派的一个成员的幸福和另一派的一个成员的幸福是同等重要的。”

“那当然。”

“所以,如果化为最简单的形式,你们的学说就成为断言一切人对幸福都有同等的要求权；或者，应用到个人身上：你对幸福和我一样有充分的权利。”

“毫无疑问我有这权利。”

“那么，先生，请问，谁告诉过你，你对幸福和我一样有充分的权利呢？”

“谁告诉过我？——我确信是这样；这是明摆着的真理；我——”

“不，不，那不行，你得向我提出你根据的权威。”

于是，我们的请愿者不得不承认，除了他个人的感觉，他没有别的权威——他只是对这事实有一种天生的感觉；或者，换句话说，是他的道德意识这样告诉他的。

道德意识是否的确这样告诉过他，现在无须考虑。当前要求注意的只是这一事实：当受到盘问时，连边沁的门徒们也没有别的选择，只有求助于这被嘲笑的“道德意识”的一种直觉，用来作为他们自己理论系统的根据。

但是，也许有人要问：一种情感怎么能有感觉呢？一种感情怎么能产生道德意识呢？

这似乎是一项很严重的反对意见；如果把意识这个词按其严格的含义来理解，它将是致命性的反对意见。但是在这个场合，和在许多其他场合一样，这个词是用来表示一种感情机能对于和它有关的行为或事物是喜爱还是厌恶；或者更确切地说，是感情机能使理智对这些行为或事物形成的判断。要阐明这一点，我们必须举一个例子。

与获取财产的冲动结合在一起的，有一种我们称之为财产价值的意识；我们发现这种意识的活跃性是随冲动的强弱而变化的。请把吝啬鬼和挥霍成性的人对比一下。吝啬鬼们怀着敛聚钱财的欲望，对金钱的价值有一种特殊的信仰。他认为锱铢必较是美德，平常的慷慨大方就是恶行，而对铺张浪费则感到绝对的恐怖。无论什么增加到他的积蓄里他都觉得是好事；而无论什么从他的积蓄里拿走，他都觉得是坏事。假如一线短暂的慷慨的光辉引导他打开了钱袋，那么他随后肯定会谴责自己做了错事。相反，挥霍成性的人，缺乏获取钱财的本能，同时也就认识不到财产的价值；他几乎没有财产价值意识。因此，在别的感情的影响下；他把储蓄的习惯看做卑鄙的，而认为大手大脚花钱含有某种高尚的性质。很清楚，这些认为某一行为合适或不合适的相反的感觉，不是来源于理智，而是来源于感情的机能。理智，如果不受欲望的影响，则会向吝啬鬼和挥霍成性的人分别指出他们的习惯是不明智的；而理智在受到欲望的影响时，就使每个人都把别人看做傻瓜，却不能使他看到他自己的愚蠢。

这种联系是普遍的。每一种感情都伴随着把那些使它得到满足的行动视为正确的意识——根据事物带给它愉快还是痛苦，往往产生事物是好还是坏的坚定信念；而且如果不受到反对，总是要产生这些坚定信念。可是因为各种感情之间是有矛盾的，结果在各种信念之间也有着相应的不一致性——即这些信念之间也有着类似的矛盾。因此，只有当一种欲望占据十分优越的支配地位，或者当不存在相反的欲望时，本能与它们所规定的意见之间的联系，才是显而易见的。

让我们用以上观点来阐明手头的这一事例，这些事实说明怎样从一种要按照我们称之为公平的方式行事的冲动，产生一种认为这样的行为是适当的感觉——一种认为这种行为是好的坚定信念。这种本能或情感因正直的行动而得到满足，因不正直的行动而感到苦恼，在我们内心产生对一种行动的赞赏和对另一种行动的憎恶；它们又易于导致认为一种行动是美德而另一种行动是恶行的信念。或者，再求助于前面的例证，我们可以说，正如积累财产的欲望伴随着一种财产价值意识，公平行事的欲望同样伴随着一种什么是公平的意识。

这里也许有必要回答下面的反对意见：既然根据以上的说明，每一种感情都倾向于产生和它有关的行动是正确还是错误的观念，既然道德应该对全部一般性的行为决定什么是正确的，那么把“道德意识”一词局限于仅能在一个部门提供指导是不妥当的。诚然如此。可是，鉴于我们的行为中最重要的部分是相互间的行为，而且在这方面我们最容易犯错误，又鉴于这一机能在其作用上是纯粹、直接有关道德的，我们不妨表明理由，继续以这种限制性的意义来使用这一名词。

也许有人会再次辩称：这个所谓的告诫者是一个毫无价值的指导者，因为它的指示在不同时间和地点是不一样的。

对这一异议的回答是，和以前一样，如果说这样一个指导者是不称职的，因为它的指示变化无常，那么由于同一理由，权宜之计也应该被排斥。边沁说：道德意识是“一种混乱的、随心所欲的原则，仅仅以一些内心的、特殊的感情为根据”，假如他的谴责是有道理的，那么他自己的原理就是双倍谬误的。难道“最大幸福”不是一种随心所欲的概念吗？它难道不也是“仅仅以一些内心的、特殊的感情为根据”吗？（参看本书第4页。[1]）即使在一切人心里，“最大幸福”的概念都一样，鉴于有关获得这“最大幸福”的方法存在无数不同的意见，他的原则岂非仍然是混乱的吗？一切功利主义哲学都易于受到这种意义不明确的指控，因为总是重复出现同一个未解决的问题——什么是功利？——这一问题，如同我们在每一张报纸上所见到的，在关于被希求的每一种目的的好处及提出的各种方法的功效方面，引起了无穷的争论。因此，就缺乏科学的准确性而言，以道德意识为根据的哲学，最坏也不过是与一切其他已知的体系一起属于同一范畴。

但是幸而还有另一种选择。可以充分承认上面提出的异议的力量，而不在任何程度上使这一理论成为无效。

指出的错误并不是原理方面的，而只是应用方面的。犯错误的人并不是由于从错误的原则出发，而只是没有找到从原则到寻求的结论的正确道路而已。沙夫茨伯里学派的作者们所犯的错误，不在于他们所求助的睿智的判断，而在于他们的解释方法。他们把感情和理性混淆起来，要求一种情感去做应该留给理智去做的事情。他们相信存在某种居支配地位的本能，在我们内心产生对我们称之为**好的**行为的赞同，和对我们称之为**坏的**行为的厌恶，这是对的。但他们假定本能可以凭直觉解决提交它的每一伦理问

[1] 此为中译本页码，下同。——译者

题，这是不对的。

为了更好地解释这一点，让我们从数学上取一个类比。人类的心灵对于可以计量的数量之认识，是通过一种机能，为了便于进行类比，我们把它叫做几何意识。在这种意识的帮助下，我们估量线的长短、平面和周围物体的大小，并形成有关它们相互间关系的各种概念。但是在许多场合，我们发现不能完全依靠这种几何意识的单独决定：它的决断是变化无常的。可是在比较各种意见时，我们发现，对有些简单的命题我们大家的想法都一样，诸如“和同一事物相等的事物彼此相等”，“整体大于它的部分”；同意这些我们称为公理的命题，我们就有可能运用随后的推论来解决一切有争议之点，并有把握地解决复杂的问题。① 现在，如果几何学家们没有采用这一方法，而坚持用几何意识来决定一切有关直线、角、正方形、圆这一类的问题；如果他们试图通过简单的知觉方面的努力来发现三角形的三个角是否等于两个直角，相似多边形的面积之比是否是它们对应边的二乘比，他们将和试图通过道德意识去解决一切有关道德问题的道德学家们一样，造成相同的错误。

读者立刻就会了解这一类比所指向的结论；也就是说，如同几何意识的任务是引出几何的公理一样，道德意识的任务就是引出道德方面的公理，理智可以从这些公理中发展出系统的道德学。

如果改变实例，可以进一步说，正如由力学意识单独形成的力学上的错误观念——比方说，大的物体比小的物体降落得更快，水

① 关于在这里我们为类比的缘故称之为几何意识的最终性质，不论我们采取洛克的观点还是康德的观点，对问题都没有影响。不论是怎样起源的，对它的根本认识都形成精密科学的不可分解的基础。而这就是我们现在所假定的一切。

泵内的水上升是由于吸力，永恒的运动是可能的——都为由力学意识承认的那些关于物质的基本法则引出的结论所推翻；我们同样可以期待，由道德意识单独规定的许多关于人类责任的互相矛盾的信念，会在由道德意识所承认的关于人类的某些基本法则科学地引出的结论面前销声匿迹。

[注：应该说明，虽然在本章内承认了道德意识的判断变化无常这一真实情况，但承认得还不够充分。有些人种似乎根本没有良心，在另一些人种中，良心作出的裁决和我们良心所作出的裁决完全不一样，有时根本对立，这些事实甚至没有暗示过。当时我还没有关于这一点的证据。为防止误解，不妨在这里声明，前述关于道德意识的见解只适用于长期受到某种纪律约束的人种。]

什么是道德

很明显，道德的法则必然是完美的人类的法则——完美就在于对这法则的服从。只有两种主张可供我们选择：或者断言道德是现实的人们的行为规则法典；否则，它就是*理想*的人们的行为规则法典。关于第一种选择，我们必须说，任何被提出的道德体系，由于承认现存的缺点，并默认因这些缺点而成为必需的行动，因而都是自责的；既然依照假设，这样被宽容的行动不是可以设想的最好的行动，换言之，不是完全*正当的*——不是完全*道德的*，因此容许这些行动的道德，在它这样做时，就根本不是道德了。要逃避这种矛盾是不可能的，除非采取另一种选择，即，道德法则，把一切恶劣的条件、缺点和无能力都置之不顾，而规定理想的人类的行为。唯有纯粹的正直行为才能成为它的题材。它的目的必须是确定人们相互间*应该*保持的关系——指出在正常社会里的行动原则。它的目标必须是将人们可以和谐合作的条件加以系统地说明；为此目的，它需要以这样的人们应该完美无缺作为基本要求。

因此，一种纯粹的伦理学体系既然讨论的是正当行为的抽象原则，就不能承认邪恶，或任何由邪恶产生的情况。它不懂得违犯法则这类事，因为它只说明什么是法则。它只是说如此这般就是人们行动应该根据的原则；当那些原则被破坏时，它什么也做不了，只能说它们被破坏了。如果问到当一个人被别人打翻在地时，他应该做什么，它答不出；它只能回答攻击人是触犯法则的，并会引起不正当的关系。关于我们应该怎样对待一个小偷，它保持沉默，它所提供的一切信息只是偷窃是违背公正的行为。我们可以由它知道拖欠债务含有违犯道德准则的意思；但是债务人应不应该被监禁，却不能由它作出决定。对于一个首先假定事前有不法行为的问题，诸如：一个律师应该为他相信有罪的人辩护吗？一个人应该违背要做什么错事的誓言吗？公布我们伙伴的不正当行为是合适的吗？完善的法则都不能提出答案，因为它不承认这些前提。道德家要想根据纯粹伦理学的原则来解决这类问题，那是企图做不可能的事。他倒不如试试用数学方法去解决一系列有关扭曲的直线和背部断裂的曲线等问题，或者从力学定理去推断使已经坏了的机器运转的适当方法。没有什么结论能声称它们是绝对真理，除非它们根据的真理本身是绝对的。一个几何学家要求他所处理的直线是真正直的，他的圆、椭圆和抛物线应该符合精确的定义。如果你向他提出与这些条件不符的问题，他就告诉你这问题无法答复。对于道德哲学家来说，情况也是如此。他只讨论正直的人。他描述正直的人如何持己；说明他和其他正直的人保持什么样的关系；说明正直人的社区是如何构成的。成员中有一个狡诈的人的问题，他是解决不了的。他可以陈述他关于这问题有什么想法——可以提出一个大致的解决办法，再多一点就办不到了。

也许运用关于动物人的科学来说明关于道德人的科学，可以最方便地把这点讲透彻。生理学被定义为对肉体生活的各种现象的分类陈述。它讨论我们的各个器官在正常状态下的功能。它显示各种有关生命的活动的互相依赖性；描绘构成完全健康的各方面的条件。它甚至不承认疾病，因此不能解决有关疾病的问题。问到什么是发烧的原因？或什么是最好的感冒药？它提不出答案。这类问题在它的范围之外，它假如能答复，就不再是生理学，而是病理学或治疗学了。真正的道德也是如此，可以很适当地把它称为道德生理学。和它的类似物一样，它和病态的行为及错乱的功能没有任何关系。它涉及的只是正常人的法则，它不能认识错误的、堕落的或身心失调的情况。

祸害的消失(减弱?)

一切祸害都是本身素质不适应外界条件的结果。一丛灌木在贫瘠的土地上不是就会衰败,当被剥夺阳光时就变得孱弱,而假如移植到寒冷的气候里,就会完全枯死吗?这是因为它的组织和环境之间的和谐被毁坏了。农家庭院和动物园的经验表明,某种待遇会给动物带来痛苦、疾病或死亡,这些经验可以同样地加以一般化。各种使人体感受痛苦的事件,从头痛到致命的疾病,从烧伤或扭伤到意外地丧失生命,其原因同样可以追溯到把身体放置于其能力不能适应的场所。这种表现不仅适用于身体上的祸害。单身汉不是因为财力不允许结婚而感到愁苦吗?母亲不是为她失去的孩子而感到悲伤吗?去国外的移民不是因离开祖国而哀叹吗?解释仍然是一样的。不论祸害的特殊性质如何,它总是可以归属于一个普遍性的原因:各种机能与它们活动范围之间的不调和。

同样真实的是:祸害永远倾向于消失。由于一项生活的基本原理,一个有机体对其外界条件的这种不适应,总是在不断地被改正:一方或双方不断改变,直到完全适应为止。凡是具有生命力的东西,从原始的细胞直到包括人本身,都服从这一规律。在植物适应水土,家畜改变习惯,和我们人种本身变更特性方面,我们都看到它的例证。由于习惯于短暂的北极夏季，西伯利亚的草和灌木在几个星期的时间里生长、开花和结果。温带的动物如果暴露在北方冬天的严寒之中，就会长出更厚的毛，并变成白色。猎犬在初运到安第斯的高原时，因为呼吸困难，无法追逐猎物，经过几个世代，两肺就变得更有效率了。

人类也表现了同样的适应能力。根据生活的地方不同，而改变肤色；这里赖稻米为生，那里赖鲸油为生；如果习惯于吃缺乏营养的食物，消化器官就会变得较大，如果生活方式不规则，就会获得长时间挨饿的能力，而在食品供应稳定时又会失去这种能力；当生活习惯需要时，会得到更敏锐的视觉、听觉和嗅觉，而当它们不那么需要时这些感觉又变得迟钝了。这种种变化都是为了适应周围环境，对这一点是没有人能提出疑问的。当他看到沼泽地带的居民生活在对外乡人来说意味着肯定死亡的环境中时；当他看到印度人可以在热带的烈日下躺下来睡觉，而他的白种主人，紧闭着百叶窗，四边洒水，天花板上吊着布风扇，却几乎无法打一会儿盹时；当他看到格陵兰人和拿波里人各自靠他们自己的食物——鲸油和通心粉——生活得舒舒服服，而如交换食物就会变得愁苦不堪时；当他看到在其他场合，也有这种对食物、气候和生活方式的适应问题时，那么连最大的怀疑派也不得不承认是某种适应的规律在起作用。在需要愈来愈多的烈性酒才能喝醉的醉鬼身上，在必须不断吸入更大剂量才能产生通常效果的抽鸦片者身上，他会注意到身体怎样逐渐获得抵抗有毒物品的能力。抽烟的人，使用鼻烟的人，或习惯于吃药的人，都能提供类似的例证。

这种身体上改变的普遍性规律，也是心理上改变的规律。在印第安、非洲、蒙古和高加索人种之间,以及它们的各个分支种族之间,经过长期过程形成的在能力和性格上的多种多样的差异,都必须归因于在各个场合获得了对周围环境的适应力。为什么会从同一个原始的类型产生这一切差异呢?如果原因不是素质对外界条件的适应,又是什么呢?

可是,没有任何人能够比较始终一贯地反对这一学说;因为所有人使用的论证都预先假定了这个学说的真实性。当他们把民族特性的差异归因于社会风俗与协议时,他们就是这样做的;当他们评论习惯的力量时,也是这样做的;当他们讨论提出的一项措施对公共道德的可能影响时,当他们建议以实践作为获得不断提高的才能的方法时,当他们描绘某些职业使人向上,另一些职业使人堕落时,当他们谈到使人习惯于任何一种事情时,当他们教导说善良的行为最终会变得令人快乐,或警告要注意长期受鼓励的不道德行为会产生的力量时,都是这样做的。

我们必须采纳三种主张中的一种。我们必须或者断言人类不因受到的影响——他的环境——而起变化;或者断言他倾向于不适应那些环境;或者断言他倾向于变得适应那些环境。假如第一种主张是真实的,那么一切关于教育、关于政府和关于社会改良的计划都是无用的。假如第二种主张是真实的,那么使人变得道德高尚的方法是让他习惯于不道德的实践,反之亦然。既然这两种主张都是荒谬的,我们就不得不承认剩下的一种主张了。

记住这些真理:一切祸害都是素质不适应外界条件的结果;凡是这种不适应存在之处,它总在不断由于为适应外界条件的素质改变而趋于减弱；我们将为理解人类的现状做好准备。

由于人口的增加，我们称为社会性的生存状态已经成为必需。生活在这种状态中，人们忍受着许许多多的祸害。根据假设，可以推定他们的性格不完全适应这种状态。

他们在哪些方面不完全适应呢？社会性的状态所要求的条件是什么呢？

它要求每个个人只能有这样的欲望，即充分满足不会侵犯其他个人得到类似满足的能力。假如每个人的欲望不是这样受到限制，那么或者所有人都必然有一些欲望得不到满足；或者一些人必须牺牲别人来使他的欲望得到满足。这两种必然带来痛苦的选择，就意味着不适应。

但是为什么人不适应社会性的状态呢？

只因为他还部分地保留着适合于先前状态的特性。他不适合于社会的那些方面，也就是他适合于原来掠夺性生活的那些方面。他原始的环境要求他为自己的福利牺牲别人的福利；他现在的环境要求他不要这样做；只要他身上还顽固地留有旧的属性，他就不适合社会性的状态。一切人们彼此对抗的罪恶，从斐济人的同类相食，到我们在周围看到的犯罪和贪财，我们监狱中的重大罪行，商业上的欺诈，阶级对阶级、国家对国家的争斗，其原因都可以包括在这一普遍性的概念之中。

人需要一种道德上的素质使他适合原来的状态；需要另一种道德上的素质使他适合目前的状态；他过去，现在，并将长时期继续处于适应的过程中。对于人类可臻完善的信念，只不过是对于人类将通过这一过程最终成为完全适合其生活方式的信念。

因此,进步不是一种偶然,而是一种必然。文明并不是人为的,而是天性的一部分;它和一个胎儿的成长或一朵鲜花的开放是完全一样的。人类曾经经历和仍在经历的各种改变,都起源于作为整个有机的天地万物之基础的一项规律。只要人种继续存在,事物的素质保持原样,这些改变必然会以完美告终。正如可以肯定地说,单独耸立的一株树长得粗壮,而在群树中的一株树就长得细弱;可以肯定地说,铁匠的臂膊长得很长,劳动者的手皮肤粗糙;可以肯定地说,水手的眼睛往往会变得远视,而学生的眼睛则往往会变得近视;可以肯定地说,办事员会获得写算的速度;可以肯定地说,音乐家能学会在别人觉得嘈杂的声音中觉察到一个半音的差错;可以肯定地说,一种激情被放纵时就要增长,受约束时就要减弱;可以肯定地说,被人漠视的良心会变得迟钝,而被人遵从的良心会变得活跃;可以肯定地说,诸如习惯、风俗、惯例这类名词都具有意义——同样可以肯定地说,人类的各种机能必然会训练成完全适合于社会性状态;可以肯定地说,邪恶和不道德必然要消失;可以肯定地说,人必然要变得完美无缺。

[注:除文字上很小的修饰外,我让本章保持不变,虽然现在我很清楚,其中得出的各项结论应该作大的修改:1. 人类的许多种族,居住在条件很差的地方,被迫过着贫困的生活,无论经过多少次适应,也不能被塑造成为令人满意的类型。2. 天文和地质方面的变化今后必然继续引起地球表面和气候上的变化,以至需要从变得不适合的居住场所迁移到较合适的居住场所,这种迁移必然招致生活方式的改变,和作为其

后果的再适应。3. 向任何适应形式进步的速度必然随着完全适应的接近而递减，因为产生适应的力量必然递减；因此，排除其他原因，完全的适应只有经过无限的时间才能达到。]

最大幸福必须间接地去寻求

我们要查明遵循哪些**条件**才能获得最大幸福。毫无疑问，在事物的本性中必然有某些明确而固定的获取成功的先决条件。人是具有特性的、看得见摸得着的实体。在他周围的环境中，有着各种不变的需要。生活依赖于完成某些功能；而幸福就是一种特殊的生活。那么，毫无疑问，如果我们想知道在这些环境中，人这个生物必须如何生活才能获得最大幸福，我们应该首先确定什么是基本的条件。设想我们可以不懂或不顾这些条件，通过一些胡乱猜测就达到成功，那是愚蠢。迫切要求得到的东西只能用一种方法得到。这一种方法是什么要由我们处境中的根本需要而定。我们要发现这种方法，第一步必须把那些需要搞清楚。

处于这些需要之首的是这一不可改变的事实——社会性状态。人类已经繁衍到终于不得不在多多少少互相接近的情况下生活。看来非常可能，这样一个条件，既然是为维持最大数量的生命所必需，就是产生最大数量幸福的第一步。不管怎么样，我们发现这种状态已经确立；我们今后将继续生活在它之中；因此必须把它定为我们获得最大幸福的规则所必须承认和顺应的需要之一。

在这个社会性状态中，因为每一个个人的活动范围都受到其他个人活动范围的限制，从而要获得最大数量幸福的人们，必须各人能在他自己的活动范围内得到完全的幸福，而不减少其他人为获取幸福所需要的活动范围。因为很明显，如果他们中的每一个人，或任何一个人，不能得到完全的幸福而不减少其余人当中一个或更多人的活动范围，那么要么他自己得不到完全的幸福，要么他必须使一个或更多的人得不到完全的幸福；因此，在这种情况下，幸福的总量就不能像可以想象的那么大，或者说不能够是最大的幸福。这就是由于社会性状态而成为获取最大幸福所必需的那些固定条件中的第一项。我们用公正这个词来表示的就是履行这一条件。

这个最主要的先决条件还有一个性质相同的补充条件。我们发现，即使在不侵犯彼此的活动范围的情况下，人们仍然可以以诸如会产生痛苦的情感那样的方式互相对待。而假如任何人有引导他们这样做的感情，很清楚，幸福的总量就不像他们没有这种感情时可以达到的那么大。因此，要达到最大幸福，人类的素质必须足以使每个人都可以满足自己的本性，不仅不减少别人的活动范围，而且不以任何直接或间接的方式使别人感到不幸福。这一条件，过一会儿我们将看到，和前述条件是十分不同的。遵守这个条件可以称为消极的善行。

然而还有一项要求，如果予以满足，由遵循上述两个条件所产生的幸福就会无限增加。要是某一人种具有如此的素质，使得每个人可以对他所有的欲望都得到充分的满足，同时不减少别人可能得到的满足，那么，孤立地看，幸福的总量在这种情况下就是可以设想的最大的量。但是如果让这些人具有如此的素质，使得每个人在他本人接受到的愉快感情之外，还能怀着同情心去参与别人的愉快感情，那么幸福的总和就会大大增加。因此，在每个人都能得到完全的幸福而不减少其余人的幸福这个第一位的要求之外，我们现在必须加上每个人都能由其余人的幸福中得到幸福这个第二位的要求。遵循这个要求意味着积极的善行。

最后，为了产生最大幸福，还有一个进一步的条件，即在适当注意前述的限制之外，每个人都采取为使他自己的私人幸福达到充分限度所需采取的行动。

因此，这些都是必需的。它们不是观点问题，而是事实问题。否认它们是不可能的，因为任何别的说法都必然是自相矛盾的。忽视它们的政府的和文化的计划都只能是根本荒谬的。任何事物是好的还是坏的，正确的还是错误的，都必须依照与它们符合或不符合而定。整个关于我们责任的法典就包含在为符合这些需要所做的努力中。如果这样做我们觉得愉快，那很好；如果不然，那我们的目标必须是获得这种愉快。只有当人们自发地去符合它们时才能得到最大幸福；因为要克制促使我们违犯它们的欲望就意味着痛苦，或减少最大幸福。因此我们必须使自己尽快习惯于满足这些要求。社会性状态是一种必然。在这种状态下获得最大幸福的条件都是固定的。唯有我们的性格是不固定的。因此必须把它们塑造成适合于这些条件。一切有关道德的教诲和训练，必须以加速这项过程为目的。

一项第一原理的由来

假如人们对于运用其各种机能所需的自由有同样的要求权，那么每个人的自由必然受到所有人的相似自由的限制。当两个人在追求各自的目的而发生冲突时，其中一人的活动，只有在不干扰另一人的相似活动时，才能保持自由。我们被投入的这个生存范围并没有提供供所有的人不受约束地从事活动的空间，可是由于他们的素质，所有的人又都具有进行这种不受约束的活动的相似要求权，唯一的办法只有平等地分配这不可避免的约束。因此我们就得到一个普遍性的原则，即每一个人都有权要求运用他各种机能的最充分的自由，只要与所有其他人的同样自由不发生矛盾。

在加以局部考虑时，关于该法则的这一说明似乎易于受到批评。人们可能认为，用不得**伤害**任何别人——不使任何别人受到**痛苦**——的附加条件，来限制每个人运用其各项机能的权利，要更好一些。可是，对该法则的这种表达方法虽然乍看起来令人满意，却会引起错误的推论。诚然，在满足上一章所规定的最大幸福的条件时，人们不会运用他们的机能去相互造成痛苦。可是这并不是说，每个人是通过约束其各项机能的运用避免给他人带来痛苦的，而是说，由于每个人的各项机能的性质，使它们的充分运用不会触犯任何人。区别就在这里。给人痛苦可以有两种原因。或者是素质不正常的人做出令邻人们的正常感情不快的事，在这种场合，他的行为是错误的；或者是素质正常的人的行为刺激邻人们不正常的感情，在这种场合，他的行为并没有错误，而是他们的性格不健全。在这种情况下，适当运用他的机能是对的，尽管这会给人带来痛苦；补救这件不幸事情的办法在于改变受痛苦者的不正常的感情。

为了阐明这一区别，让我们举几个例子。一个诚实的人发现他先前尊重的一个朋友是一个恶棍。他具有厌恶恶棍行为的高尚本能，他容许这些本能自由发挥，和这个不值得尊敬的朋友断绝了交往。现在，虽然他这样做时给人带来痛苦，但不能因此就认为他违犯了上述法则。这件不幸的事不能归因于他不适当地运用机能，而应归因于受痛苦者的不道德。又如，一个新教教徒，在一个天主教国家里，当圣饼经过时拒绝脱帽。在这样听从某些情感的指挥时，他惹恼了旁观者；假如上面对这条法则修订的表达方式是正确的，他就应受到责怪。可是，这并不是他的错，而是那些被冒犯的人的错。并不是他因这样表明其信仰而应当被责备，而是他们不应该对与他们自己不同的意见那样专断地不能容忍。又如，一个儿子娶了一个虽然在各方面都令人赞美但却没有嫁妆的人，使他父亲和家人大为不快。他在这样听从天性的指挥时，可能引起他亲属们心理上相当大的苦恼；但不能因此认为他的行为是不好的；却应认为那些被他的行为刺伤了的感情是不好的。

因此，我们看到，在诸如此类的每时每刻发生的事例中，由于不给别人痛苦的需要而限制机能的运用就会意味着,为了容许其他人的机能不正当运用的目的,而停止某些人的机能的正当运用。此外,遵守这样一条规则,实际上并不能阻止痛苦。因为虽然受到这条规则限制的人避免了使他的同伴受到痛苦,他这样做却是以使他自己受痛苦为代价的。祸害必须由某一人来承受,问题只是由谁来承受。那位新教教徒是应该通过对他并不崇敬的事物表示崇敬,实际上是说谎,而伤害他真诚的感情,以避免触怒他的天主教邻人们的褊狭精神呢?还是应该放任他自己的健康的真诚与独立,而冒犯他们的不健康的顽固呢?那位诚实的人是应该抑制那些使他成为诚实的情感,以免显示它们而给一个恶棍带来痛苦呢?还是应该尊重他自己的较为高尚的感情而伤害另一个人的较为卑下的感情呢?在这两者之间进行选择是没有人会踌躇的。这里我们是真正追究到事情的根底。因为必须记住,生活的普遍规律是:机能的运用和满足使它们加强,相反,如果抑制它们,使它们蒙受痛苦,就必然会削弱它们力量。因此可以推论,如果为了防止给予别人的不正常机能以痛苦而对一种正常机能的行动加以抑制,那么那些不正常机能会保持和原来一样的活跃,而那一正常机能则会被削弱,或变得不正常。而另一方面,在相反的情况下,正常的机能保持强大,不正常的机能则被削弱,或变得比较正常。在一个场合,痛苦是有害的,因为它延缓了向每个人的机能充分运用而不引起一切人同类机能的不快这种人性形式的接近。在另一场合,痛苦是有益的,因为它有助于接近这种形式。这样,直接从社会生存所要求的条件产生的,表达这一法则的第一种方式,就成为合乎道理的,而像上述的对它的任何修改,则必然需要采取在许多场合都是有害的行为。

可是,在另一方面,当我们试图表达这一法则,说人人都有运用其机能的充分自由,条件始终是他不侵犯任何别人类似的自由时,我们又使自己陷入一种性质相反的不完善的境况;我们发现在许多场合上述修改的表达方式更加适合。有好几种方式可以既运用各种机能使别人蒙受痛苦,又不超越同等自由的法则。一个人可以做出不友好的行动,可以使用粗鲁的语言,可以以令人憎恶的习惯打扰别人;无论谁这样侵犯他的同伴们的正常感情,都会明显地使幸福减少。如果我们说,人人都有运用他们各种机能的自由,只要他不使任何别人蒙受痛苦,那么我们就要禁止所有这类行为。而假如我们只是以一切人的同样的自由来限制每个人的自由,我们却并不禁止这类行为;因为以这种方式运用其机能的人,并不妨碍别人以同样方式同样程度来运用他们的机能。我们怎样才能避开这一困难呢?关于这条法则的两种说明都不能完全满足我们的要求,可是我们却不得不选择二者之一。必须是哪一种呢?这又是为什么呢?

必须是最初的那个说明,而且有充足的理由。以一切人的同样的自由来限制每个人的自由,排除了很大范围的不正当行为,却没有排除某些别的不正当行为。以不加痛苦于其余人的需要来限制每个人的自由,排除了全部不正当的行为,但是和不正当的行为一道,也排除了许多其他属于正当的行为。一种排除得不够多,而另一种排除得太多。一种是消极的错误,而另一种是积极的错误。那么,很明显,我们必须采取有消极错误的那一种,因为它的缺点可以用一条补充法则来补救。在这儿我们发现最近在**公正**与**消极**的**善行**之间划分的区别是必需的。公正加于机能的运用以第一位的一系列限制，在其涉及的范围内是严格合乎事实的。消极的善行加予第二位的一系列限制。前者不包括后者并非它的缺点。一般而言两者是有区别的；正如我们刚刚已经看到的，企图用一种表达方式把它们结合起来会把我们引入致命的严重错误。

然而可能又将引起另外一个异议。完全自由地去运用机能，意思就是完全自由地去做机能驱使我们去做的一切，或者，换句话说，就是做个人愿意做的一切；可以说，如果个人有做他愿意做的一切的自由，只要他不妨害别人某些特定的权利要求，那么他就有自由做有害于他自己的事——比方说，自由去酗酒。对此，首先必须如上面一样地加以答复：现在阐述的这条法则，禁止被认为是不道德的某一类行为，并不就承认一切不道德行为——它所加于自由运用机能的限制，虽然是主要的，却并非唯一的限制，它们必须被接受，却并不妨碍更进一步的限制。有关进一步限制的需要，这里提出的难题提供了第二个实例。

可是现在得注意，这些补充限制的权威性低于原来的法则。它们不像原来的法则那样能够加以科学的发展，而只能展开为高级形式的权宜手段。由所有别人的同样自由加于每个人的自由的限制，是几乎总有可能加以确定的一种限制；因为人们各自掌握自由的数量通常能够进行比较，那些数量的相等或不相等能够辨认。但是当我们着手从人不得自由做有害自身的事，及不得自由(除诸如不久刚引述的那些事例之外)做可以使其邻人不快的事等主张，引申出实用的推论时，我们就发现我们陷入了对愉快和痛苦的复杂的估计中，这显然会危及我们的结论。比方说，虽然酗酒是一种有害的机能运用这一点是显而易见的，但做多少工作对我们适合，什么时候工作会变成有害的，却绝对不是显而易见的；适当和不适当智力活动之间的分界线画在哪里，绝对不是显而易见的；有多大的利益才能证明一个人有理由忍受不适当的气候和不适当的生活方式，绝对不是显而易见的；然而这些之中的每一事例都与幸福息息相关，而且错误的行动方针之所以是错误的，与酗酒是错误的理由是一样的。即使有可能说明，每一私人行动其结果所得到的满足，是否超过其结果所引起的痛苦，仍然会出现这第二个困难问题：我们不能在一切场合都把有害的受苦同有益的受苦区分开来。当我们还不能完全适应我们的外界条件时，痛苦必然不可避免地由于压抑过分活跃的机能及使不胜任其任务的机能负担过重而产生痛苦。既然对于最终的人的发展是必需的，这种痛苦就不能认为该引起对造成痛苦的行动的诅咒。这样，再次回顾刚刚引述的例子，显然为了产生最大幸福，必须有进行工作的能力；但是未开化的人要获得这种能力是如此困苦，以至只有用严厉的纪律才能迫使他们去做。我们当前的生活方式所需要的高度智力，没有多少年代令人厌倦的劳作是不能达到的，而且也许没有对身体健康的部分的和暂时的牺牲，就不能成为种族的有机部分。那么正是在这些事例里，人们的自由必须不因免加痛苦于自身的需要而受限制，因为这样受到限制，就必得停止我们走近最大幸福。同样我们也看到一些事例，人们的自由，为了同一理由，必须不因免加痛苦于别人的需要而受限制。现在，应该注意的事实是：我们并不拥有可靠的方法来把这里举出的两类事例与另一些事例区别开来，在那些事例中做出的事会减少我们自己或别人的幸福，即时和最终都是有害的，因而是错误的。因为这两类补充限制都牵涉幸福这个词，又因为在目前，对幸福还只能提出一般的，而不能提出具体的定义，所以不能对他们进行科学的详细论述。

现在我们获得了一项触及这个问题的重要真理——这个真理就是：只有每个人运用这一自由，仅受一切人的同样自由的限制，才能把那些虽然偶然、暂时对我们自己或别人有害，而却间接上有益的行动，同那些必然、永久有害的行动分开。因为很显然，一切机能对其功能的不适应，必然包括或则过度或则不足两种情况。同样显然的是，在我们所论及的范围广泛的事例中，只存在一种试探性的方法，来区别由于超越正常生活的外界条件而产生痛苦的机能运用，和由于达不到这些条件而产生痛苦的机能运用。而且很显然，这种试探性方法的适当使用，要求每个人都具有与所有其他人的同样自由不相矛盾的最大自由。

沿着这条道路往前走，有害的痛苦行动将逐渐停息，而有益的痛苦行动却将继续下去，直到不再成为痛苦，这一点可以用几个例子来说清楚。例如，由野蛮人的冲动的性格，变到使文明人能够为未来更大的满足而牺牲眼前满足的性格，就包含很多痛苦；但是社会生活的需要要求这样一种改变，而且不断使缺乏自我克制能力受到惩罚，以确保一切人进行经常的、虽然有些令人厌烦的努力，来获得这种能力——一种必然很缓慢但却肯定会成功的努力。相反，如果一种对食物的过分的欲望占了上风，由于它将如实际发生的情况那样，产生不愉快的结果，就会导致必须加以节制的企图，并通过经常抑制它，最终使它减弱到正常的程度。[①] 在这些简单事例中发生的如此明显的情况，在前面所举的好坏的结果更趋于平衡的复杂事例中也会发生。因为虽然在这些事例中，智力不可能估计由于每一不同做法引起的愉快或痛苦的各自数量，经验却可以使人的素质本身这样去做；而且还会进一步使它本能地避开总体上产生最多痛苦，或换言之，最违反生活需要的道路，而选择最少违反这些需要的道路。转而说到使我们和别人发生直接关系的行动，一定也会发生类似的情况，其中不给任何人必然不快的行动将被坚持下去，符合于它们的机能将得到发展；而引起别人必然不快的行动，由于它们招致不愉快的反应，在一般场合，必然受到抑制——这种抑制最终必然影响到产生它们的欲望。现在要注意，在这个过程中，对必然引起别人痛苦的行为，和只是偶然引起别人痛苦的行为，一定会不断地产生不同的效果。正如刚才说明的，伤害别人必然感情的行为，不可避免地要受到抑制并因而减少。只伤害他们偶然感情的行为，如社会等级、偏见等，则并非不可避免地要受到抑制；但是如果这行为是由必然感情产生的，就会牺牲这些偶然感情而持续下去，并使这些偶然感情最后被消除。因此，必然的惯常的感情、必然的惯常的环境，与只是部分必然部分惯常的感情和环境之间存在的混淆，最终会把自己弄清楚的。

那么，假如产生对正当行为的这些第二位限制的最终服从所

① 为什么现在对食物的欲望比适当的要大，最初看来，好像难于理解。可是我们想到野蛮人的环境，我们就从下列事实找到了解释：由于食物的供应不正规，必须在能得到食物时有大量进食的能力，因而必须有相应的欲望。现在食物的供应已经变得正规了，不必为可能有的长期禁食做准备，这种欲望显得过度了，因而必须加以压低。

需要的一件事就是，我们应该有机会和它们接触——应该容许我们的天性向各个方向自由扩张，直到可利用的空间都被填满，真正的界限被自然发现；假如这些第二位限制要发展成为关于责任的实用法典只有这样方能完成，那么，我们的第一法则——每个人的自由只受一切人的同样自由所限制——的最高权威就变得更加明显了；因为它所断言的运用各种机能的权利必然先于这一补充道德的发展。

可是，仍然必须承认，在有些场合，当这些对机能运用的第二位限制无疑地受到违犯时，充分肯定这条关于同等自由的法则就会把我们诱入明显的进退两难的困境。由于酗酒或态度粗暴，我们自己的幸福或别人的幸福被减少了，而且这并不是偶然的，而是必然的。假如肯定一个人有自由做一切他想做的事，只要他尊重每一个其他人的同样自由，那我们就是暗示他可以自由酗酒或行为粗暴，我们就是肯定他有自由去做实质上破坏幸福的事，而陷入了前后矛盾。

关于这一难题，没有什么可说的，除了说这是由于不可能使一项完善的法则承认一种不完善的状态。可是，既然事情正是如此，我们就必须尽力去解决这个难题。很清楚，没有别的选择，只能宣布人有自由去运用他的各项机能。很清楚，没有别的选择，只能宣布为了获得最大幸福，必须让自由受到几项限制。同样很清楚，没有别的选择，只能单独地详细论述这些限制中的第一和主要的一项；因为要详细论述其他限制，目前还不可能。我们必须尽可能防止我们自己遭受忽视这些第二位限制所造成的后果：用观察和经验使我们所能做出的推断代替科学的推理。

可是，最后思想上感到满意的是，没有任何这类不完善会损害我们现在即将作出的结论：行动的自由是运用机能的第一要素，因此也是幸福的第一要素；每个人的自由受所有人的同样自由的限制，是当这第一要素应用于许多人而不仅是一个人时所采取的形式；从而每个人的这一自由受到所有人的同样自由的限制，是社会必须按照它组织起来的规则。自由是个人正常生活的先决条件，而同等自由则成为社会正常生活的先决条件。假如同等自由这一法则是人与人之间正确关系的首要法则，那么，就没有任何实现一项次要法则的愿望能使我们有理由去破坏它。

一项第一原理的补充由来

这项第一和最主要的法则——宣布每个人的自由只受一切人同样自由的限制——是道德意识在直观上认识到的基本真理，智力必须把它发展成科学的道德学。

与我们刚刚结束的任何这类分析性考察完全无关，人们经常表现出主张人的权利平等的一种倾向。在一切时代，尤其在最近的年代，这种倾向是显而易见的。在我们自己的历史中，早在爱德华一世时代，我们就可以发现这种倾向。在他的议会召集令中，说到"凡有关所有人的事应由所有的人批准，这是最公平的规则"。我们的制度如何受到它的影响，可以由"法律面前，人人平等"这一条司法原则看出来。"一切人生而平等"（当然不是指他们的机能，而是指要求最好地运用他们机能的权利）的学说，不仅曾为格兰维尔·夏普等慈善家所主张，而且，正如一度知名的君主专制政体的捍卫者罗伯特·菲尔默爵士告诉我们的，"海沃德、布莱克伍德、巴克利，以及其他为王权勇敢辩护的人……都一致同意承认人类天生的自由与平等"。洛克在他论文官政府的文章中也表示意见说："没有任何事情比这更明显：同一种类、等级的动物，无差别地生而拥有同样的自然优势，使用同样的机能，也应该彼此平等，不相隶属或服从。"又，我们也发现美国独立宣言断言："一切人都有生活、自由和追求幸福的同等权利。"那些希望能有更多表示同样意见的权威人士的人,还可以加上布莱克斯通法官和"贤明的胡克"的名字。

日常生活中的言行不断暗示着这一类直觉的信念。当我们诉诸人类的正义感时,我们就是把它的普遍性视为理所当然的。它表现在这样一些词句中,如:"你怎么想呢?""我和你一样有充分的权利"等等。不仅如此,实际上对人类权利平等的信念具有这样的自发性,我们语言本身就包含着它。公平和平等来自同一词根,公平字面上的意义就是平等。

这种坚定信念的继续存在与增长不是没有意义的。谁要是能够认为它以愈来愈高的频率重复出现在法律、书籍、鼓动和革命中是毫无意义的,他就必须确实对于社会现象具有一种奇怪的解释方法。如果我们对一切信仰加以分析,我们就发现它们都以某种方式依赖于精神结构——暂时的信仰依赖于我们天性中暂时的特点,永恒的信仰依赖于永恒的特点。当我们发现一个类似于一切人都有同等自由这样的信仰不但是永恒的,而且日复一日地愈来愈流行时,我们就有充分理由得出结论说,它符合于我们道德素质的某种基本要素:特别是因为我们发现它的存在与我们不久前谈论的最大幸福的主要先决条件是一致的;它的增长与这个最大幸福正借以实现的适应的法则是一致的。

至少这里采取的假设就是这样的。从上面积累的证明来推断,在人的内心里存在着一种可以称为个人权利本能的东西——一种引导他去要求和别人所要求的同样大的一份天然权利的感情——一种引导他去排斥任何像侵犯他认为他原来自由的范围这类事的感情。由于这种冲动，各个个人，作为社会群体的单位，倾向于采取如同物质的各个原子一样的关系；这些原子被他们各自的既相排斥又相吸引的气氛所围绕。社会的稳定也许最终要依靠这些力量的适当平衡。

但是可以问一问，为什么需要任何一种情感来引导人们去要求为充分运用各种机能所必需的行动自由，并促使他们去抗拒对这种自由的侵犯呢？由于各种机能的行动欲望不能用别的方法得到满足，它们本身难道就不会做到这一点吗？肯定不需要有一种特殊的冲动去促使一个人做他所有的冲动共同要让他做的事。

这种异议并不像它表面看起来那么严重。因为即使没有类似于设想的这种情感，每一机能也可以依次推动它的具有者去反对它自己的活动范围被缩小；可是，在那一机能进入静止状态时，就没有什么东西去阻止它未来的运用所必要的自由受到侵害。也许可以答辩说，仅仅意识到必然会再次出现利用这种自由的时机，就将构成保卫它的足够的动力。但是这种设想虽然看起来好像有道理，却与事实并不相符。在进行调查时，我们并未发现每一机能都具有一种特殊的预见。相反，我们发现，为一般机能的未来满足做准备，是专为此目的而存在的机能的任务。这样，作为例证，再次提及获取的本能。我们看到，当缺乏这一本能时，对食、衣、住的欲望，以及由财产支持的许多其他欲望，其本身并不推动为其继续得到满足所依赖的财产积累。它们之中的每一个，在活跃时，驱使个人为它当前的满足采取措施，但并不推动他用这些措施来为它的未来满足去做准备。那么，就行动自由而言，也是同样的。可以论证：正如每一机能并不关心其本身特有的必需品的存储一样，它也不关心其本身特有的活动范围。正如有一种特殊的机能受委托去准备必需品总的存储一样,同样有一种特殊的机能受委托去维护总的活动范围。

可是,鉴于这种个人权利的本能是一种纯粹自私的本能,它引导每个人去主张并维护他自己的行动自由,于是留下这样一个问题:我们对于别人的权利的认知是从哪里来的呢?

亚当·斯密在他的《道德情操论》中打开了解决这个问题的途径。那部著作的目的是要显示我们获得相互间行为的适当调节是通过一种机能,这种机能的功能就是在每个人心中激起周围人们所表露的感情——这是唤醒同样的情感状态,或他称为"别人强烈情感的伴同感情"的一种机能,简言之,即我们通常称为*同情心*的这种机能。为说明这一动因的行动方式,他引述了下面这些事例:

"性格脆弱和身体素质柔弱的人们抱怨说,在看到街头乞丐暴露出脓疮和溃疡时,他们往往觉得自己身体的相应部分发痒或有不适的感觉。""身体最强壮的人们讲到,在观看红肿的眼睛时,他们常常感到自己眼睛也隐隐作痛。""我们为我们所感兴趣的悲剧或传奇中的英雄人物的获救援而产生的欢欣,正如我们为他们的危难而产生的悲伤一样真诚,我们对他们的不幸的伴同感情和对他们的幸福的伴同感情一样真实。""我们为别人的厚颜无耻和粗鲁感到脸红,尽管他自己并不意识到他的行为不当。"

对亚当·斯密所引述的这些事实,还可以加上许多别的具有同样意义的事;诸如人们,尤其是妇女,在看到别人遇到意外时,惊跳起来或发出尖叫;没有经验的助手在做外科手术时常会晕倒;列队观看鞭打刑罚的士兵中，通常会有好几个人在队伍中倒下；曾经听说有一个男孩在目击执行死刑时死掉了。我们大家都经历过，由于一个神经紧张的讲演者说话颠三倒四而在我们心里引起不舒服的羞辱感；也许人人都曾在这个或那个时间，因为看到一个人站在悬崖边缘而吓得浑身发抖。机能的相反的行动也同样可以观察到。例如，我们发现我们自己止不住要去参加朋友们的欢乐笑闹，虽然并不明白他们欢笑的原因；令孩子们感到恼火的是，常常由于目击周围的人在大笑而不得不含着眼泪大笑。这些和许多相似的证据证明，正如伯克所说的那样，“同情必须被看做一种替换，它使我们置身于他人的境地，使我们的感受在许多方面和他们的一样”。

把我们的仁爱行动追溯到这种机能的影响——作出结论说：引导我们解除他人不幸的动因是使自己摆脱由于看到不幸而引起痛苦的愿望，我们之所以去促成他人的幸福，是因为我们参与到他们的幸福之中——亚当·斯密提出了一种似乎十分令人满意的理论。但是他忽略了这理论的一项最重要的应用。由于他不承认诸如促使人们去维护他们权利要求的任何冲动，他没有认识到，他们对别人权利要求的尊重也可以用同样的方式去解释。他没有觉察到公正的情感只是个人权利本能的一种同情的影响——它的一种反应功能。可是情况必然如此，如果存在那种本能，而且亚当·斯密的假设符合事实的话。这就是对做了不诚实行为的人所感到、被我们称之为良心不安的感情的解释。正是借助于这种媒介，我们在偿付别人应该得到的东西时才感到满足。关于政治压迫的叙述在我们心中引起义愤，也是由于这两种机能。

我在另一处(本书第 31—32 页)曾经暗示过,虽然我们必须分清公正和善行之间的区别,可是它们却的确有着共同的根源;现在读者立刻可以觉察到这同一根源就是——同情心。所有适当地归之于其一名下的行为,即我们把它们形容为公道、公平、正直的行为,都产生于由个人权利本能所激发的同情心;而那些通常归之于另一名下的行为,如慈悲、仁慈、好心肠、慷慨、亲切、体贴,则都是由于同情心作用于一种或几种别的感情而引起的。

如果人们对公正的感觉真正是按上述方式产生的,那么推论就是,假如其他事情相等(即,如果同情的量相等),那些对自己的权利有最强烈意识的人,也将对其邻人的权利有最强烈的意识。为了观察情况是否如此,我们可以将这理论加以检验。让我们来这样做吧。

浮现在心头的第一个例证是由朋友会提供的。从他们在查理一世时代出现以来,这一团体的成员们一直以坚决主张个人的自由而令人瞩目。他们表明了这一点:在他们持续地抗拒教会权力方面;在他们成功地公然反抗迫害的顽强精神方面;在他们长期拒绝缴纳教会税方面;甚至在他们不允许设置僧侣职位的信条方面。现在来看看这些独特的事所包含的感情是如何以同情方式表现出来的吧。佩恩及其追随者们是他们那个时代唯一为他们定居殖民的土地向土著人表示感谢的移民者。这一教派提供了各种各样的慈善家,他们发起废除奴隶贸易的运动,并且是最奋力坚持的人。在众多的精神病院之中,约克收容所即使不是第一个,也是最初对精神病人采取非强制待遇的精神病院之一。他们也是贵格会员，在许多年前就开始公开声言反对战争的非正义性和残酷性。在经营商业中，他们在要求自己的权利方面毫不动摇，这也许是真的，但总的说来，他们以诚实交易而受人瞩目却也同样是真的。

反之，我们发现那些对于什么对他们自己是公正的没有强烈意识的人，对于什么对他们的同胞是公正的同样也缺乏足够的意识。这长期以来是大家公认的说法。正如一位当代作家说的：暴君不过是一个从内向外翻转过来的奴隶。在早先年代，当封建诸侯是国王的附庸时，他们也是他们家臣的暴君。在我们自己的时代，俄罗斯的贵族同样是他的专制君主的农奴和他的农奴的专制君主。甚至连学童也评论说，恃强凌弱者是所有人当中最甘心情愿让更大的恃强凌弱者打倒在地的人。我们经常注意到那些巴结奉承大人物的人，对其下属盛气凌人。“解放了的奴隶在残酷与压迫方面超过一切其他（奴隶的）主人”[①]，这是无数权威人士所确定的真理。

然而必须作出一项限定。在什么应该属于自己的意识与什么应该属于他人的意识之间，并没有必然的联系。同情和权利本能并不总是以同等的力量并存的，在这方面，它们并不比其他机能强。它们之中的一个也许会按正常的量出现，而另一个却也许会几乎完全没有。而且如果缺乏同情心，一个有足够冲动去主张自己权利要求的人，对其同伴的权利要求并不表现出相应的尊重，也是可能的。权利本能完全是自私的，它仅仅推动其具有者去维护

① 《太平洋中的四年》，沃波尔中尉著。

他自己的权利。只有通过激发它的同情心，才能唤起对别人公平行事的愿望；当同情心缺乏时，是不可能有这种愿望的。

有些可以追溯到这些情感的奇特的道德观念，与上一章得出的某些抽象结论完全符合，由这一事实我们找到了进一步的证据。我们发现我们自己心里有一种确信——我们对它还提不出满意的理由——即认为只要合我们的意，我们有自由去做本应受责备的特定事情。一个人觉得如果他喜欢，他有权利去割掉一个手指头，或毁掉他的财产，尽管这会大大减少他的幸福。虽然我们谴责铁石心肠的债权人对某一可怜的债务人表现得缺乏体谅，可是我们又承认就严格的公道来说，他是有权索取最后一文小钱的。对于拒绝提供某些友好方便的人，尽管我们讨厌他的自私，我们却不能否认他们完全有自由拒绝。现在，假如这假设是符合事实的，这些认识都可以归因于个人的权利本能，在其一场合它是直接地起作用，而在另一场合是同情地起作用，这与前面的结论十分一致。我们发现同等自由的法则是根本的法则。我们发现（本书第 38 页）没有任何别的对行动的限制能够像它所确立的限制那样有权威。我们又发现（本书第 39 页），在我们的适应状态这方面，除其他人的同样自由而外，为每一个人的自由确立固定的界限是错误的。在我们本能的信仰和前面得出的结论之间的一致性，使这里提出的假设更加具有或然性。

可是有一个占优势的政治学派，对于人们有任何先于由政府创立的权利要求的这种信仰，却嗤之以鼻。作为边沁的门徒，为了保持前后一贯需要他们这样做。因而，虽然这违背他们私下的感觉，他们却大胆地完全否认“权利”的存在。即使不是公开地，他们实际上也是和色拉西马丘斯一道，认为没有任何事物是本质上正确或错误的，它成为正确的或错误的只是由于国家的正式宣布。假如我们相信他们，那么是政府决定道德应该是什么，而不是道德决定政府应该是什么。他们不相信什么神谕的原理，不相信我们可以由神谕说的是或否获得指导；他们的特尔斐[①]就是众议院。根据他们的说法，人生活、运动和得以存在，都是由于立法机关的允许。他做这件或那件事的自由并不是天生的，而是被授予的。公民对他双手的劳动成果有无要求权，这问题只能由议会的表决来决定。如果“赞成的占多数”，他就有；如果“反对的占多数”，他就没有。虽然如此，他们却不断流露出对他们公开反对的那些学说的信仰。他们由于疏忽，而以和他们对立方极其相同的形式谈到公正，特别在涉及他们自己的时候。他们和别人一样划分法律与公平之间的区别。当他们受到抢劫或袭击，或错误地被监禁时，他们和人类权利的最坚定的维护者一样，表现出同样的愤懑，同样的反抗侵犯者的决心，发出同样的对专制暴政的指责，同样的对补偿的大声要求。

但是令人好笑的是，这些哲学家们所采取的立场的根据，他们这样自鸣得意地到处冷嘲热讽的根据，到头来不是别的，只是一枚敌人的地雷，注定要把他们赖以建立其结论的庞大结构炸为乌有。看起来如此坚实的“最大多数人的最大幸福”这一原理，只要把一

① 特尔斐为古希腊城市，因有阿波罗神庙而出名。——译者

点火光带到它附近，请看，它就爆炸成为一切人都享有对幸福的同等权利这一令人震惊的主张（本书第 15—16 页）——比任何那些受到如此蔑视的攻击的主张还要远为彻底和革命的一项主张。

第一原理

这样我们就由几条路线被带到了同一结论。无论我们根据只有在它们之下最大幸福才能实现的那些固定的条件来进行推理也好；或者把人看做机能的集合，由人的素质得出我们的结论也好；或者我们倾听似乎在这问题上具有指导我们功能的某一心理上的作用者的告诫也好；我们都被教导——作为正确的社会关系的法则——每个人都有做一切他愿做的事的自由，只要他不侵犯任何他人的同等自由。虽然这样主张的行动自由还必须有更进一步的限制，可是我们已经看到，在对一个社区的公正的管理中，更进一步的限制是不能承认的。这类更进一步的限制必须保留作为私下的、个人的应用。因此我们必须把同等自由的法则完整地加以采纳，作为正确的公平制度应该依据的法则。

有些人也许要反对这项第一原理，说因为在性质上属于公理式的真理——如果有一个人的立场是支持由它引出的各项推论，它就应该受到一切人的承认；而它并非如此。

对于这样被断定的事实，即曾经有，而且现在还有不为这第一原理所动的人，是不容置疑的。可能亚里士多德就会对它持不同意见，他认为“大自然意图让野蛮人做奴隶是不言而喻的”。“憎恶对异教徒守信约的不虔诚行为”的朱利安主教可能也会对此提出质疑。对吉伯特修道院院长来说，它大概是一项不适合的学说，他在说教中把法国的自由城市称为“那些可恶的社区，在那里农奴们违反法律与正义，摆脱他们主人的权力”。也许苏格兰高地人也不会认可它，他们在1748年就不愿接受因废除可继承的管辖权而获得的自由。但是承认这项第一原理并非对一切人都是自明之理这一事实，决不就使它失效。南非洲的某些部落只会数到三，但算术却是一项事实，而且我们有函数的微积分，借助它我们发现了新的行星。那么，正如野蛮人不能认识关于数的基本真理并不能作为反对它们存在的论据，并不能成为它们的发现和发展的障碍；同样，有些人不把同等自由看做一项伦理学上的基本真理，也并不能否定它是一项基本真理的说法。

人们在道德感知上的这种分歧的确远未构成我们道路上的困难，而却可以用来作为已经提出的一项学说的例证。正如我们已经解释过的，人类的最初环境“要求他为自己的福利牺牲别人的福利”；而他现在的环境则要求“每一个人只应有这样的欲望：它们可以得到完全的满足，而不剥夺其他个人获得同样满足的能力”。而且我们已经指出，根据适应的法则，人的素质正在从适合前一组条件的形式转变为适合后一组条件的形式。现在是由于共同产生我们称为道德意识的那两种机能的增长，得以确保对后面那些条件的适合。遵循同等自由法则的冲动将与同情心和个人权利本能的力量相称。按照另一处（本书第17—18页）所表明的方式，遵循这一法则的冲动将要产生一种相应的对它的信念。因此，只有在适应过程有了相当大的进展之后，才能发生对这一法则的服从或对其真理性的认知，因而不能在社会发展的早期阶段就去寻找对它的普遍承认。

对于已经积累起来证明我们第一原则的直接证据，现在又可以加上由于对它否认向我们显示出的荒谬性所提供的间接证据。宣称同等权利不合于事实的人，即宣称人们并*没有*同等权利的人，只有两种选择。他们可以或者说人们根本没有权利，或者说他们有不相等的权利。让我们来考察一下这些见解。

那些对权利一股脑儿否认的人当中，站在最前列的是已经提过他名字的同一位罗伯特·菲尔默爵士，所坚持的教义是“人并不是天生自由的”。由此出发，他很容易地走向政府的唯一适当形式是专制君主制的结论。因为，如果人们不是天生自由的，就是说，不是天生有权利的，那么有权利者只是上帝特别授予权利的人。由此到“国王的神圣权利”的推论是很容易的一步。可是在后来的年代，变得很明显的事实是：国王的神圣权利就意味着任何能爬上最高地位者的神圣权利。因为根据它的主张者的意见，既然没有人能够违反神的意志而占据最高统治者的地位，从而任何能获得那地位的人，不论是通过正当的或不正当的手段，不论他是合法的还是篡权者，神圣的权威就在他那边。因此说“人们不是天生自由的”，就是说，虽然人们没有权利，但凡是能得到压制其余人的权力的人，就有权利这样做！

至于拥护另一种选择，即认为人的权利不相等，据说动机是为了确保最优秀者的支配地位。但是即使承认为了确保最优秀者的支配地位，行动自由应该按照他们功绩的比例来加以分配，那么仍然留下这一问题：相对的功绩是如何确定的呢？我们不能诉诸舆论，因为舆论是不一致的，而且假如舆论是一致的，也没有理由认为它是正确的。难道能够相信那些赞同赫德森推荐书、却让铁路的原来设计者死于贫困的人的判断吗？那些为威灵顿建立了半打公共纪念碑而却不为莎士比亚或牛顿建立一座纪念碑的人——一个给予众议院守门人比皇家天文学家还多74镑的年薪的当局，难道适合于决定孰轻孰重吗？

如果舆论对相对功绩的考查是这样易犯错误，那么又从哪里去找到一种可靠的考查呢？很清楚，如果每一个人有权享有的自由是随着他的价值而变动的，在关于人的权利关系的任何解决办法成为可能以前，必须先发现令人满意的估计价值的方式。谁来指出这样一种方式呢？

即使再退一步——即使我们假定人们各自的权利要求可以公平地加以估计——仍然不可能把不相等的权利的理论变为实践。我们还得找到一条规则据以分配这些不同的一份一份的特权。使我们能够标出每一个人适当份额的尺度又在哪里？假如一个店主的权利用10和一个分数来表示，一个医生的权利又用什么数字来表示呢？一个银行家的自由是一个女裁缝的多少倍呢？假如有两个艺术家，一个比另一个要更聪明一半，那就需要找出在什么限度内每人可以运用他的机能。正如一个首相的重要性是相对于一个农夫的重要性而言的，充分的行动自由是相对于期望得到的答案而言的。这里只是提出了无数类似问题中的几个而已。当找到解决它们的方法时，还有足够的时间去重新考虑不相等的权利的理论。

这项第一原理的应用

我们可借以把这项第一原理发展成一项公平制度的方法是足够明白的。对每一项行为我们必须考虑:一个人在做它时是否侵犯了同胞的自由——把两人的自由放在一起,看各自掌握的份额是否相等。这样把每个人能够在不侵犯他人自由的情况下做的事和不能够这样做的事分开来,我们就可以把行为分成合法的和不合法的两类。

在应用这一方法时,时常会发生困难。有时我们会发现自己不能决定某一特定的行为是否违犯同等自由的法则。但是承认这一点绝不意味同等自由的法则有任何缺点。它仅仅意味着人类缺乏能力——这种缺乏能力限制了我们去发现物质方面的真理和道德方面的真理。比方说,任何数学家都没有能力说明一个人可以倾斜而不跌倒的角度是几度几分。因为不能准确地找到一个人身体的重心,他就不能肯定地说,在某一倾斜度,**方位线**是否会落在基础之外。但是我们并不因此对力学的基本原理提出异议。尽管我们没有能力把那些基本原理的一切后果追踪到底,我们却知道,一个人的姿势稳不稳可以用这些原理来准确地加以确定,只要我们的感觉能够摄入这类问题的全部资料。同样,我们可以争辩说,虽然在更加复杂的社会关系中，会发生一些问题，显然不能通过比较有关的人各自掌握自由的量来解决，可是必须承认，无论我们看得出或看不出，他们提出的权利要求总是或则相等或则不相等的，从而依附的行动就是正确或错误的。

［注：到此为止，省略和压缩并没有太多地打乱总论的连续性。但是这里所谈到的只是断断续续地描述了原来详细论述的关于第一原理的应用。这些应用随后已为成熟完整的形式所代替，构成讨论公正的《伦理学原理》第四部分的大部分内容。紧接上述内容之后的《社会静力学》原来各章中有好几章现在已全部略去；另外几章则大大压缩了，余下的我只重写了一些断片。可是这部著作的整个最后8章，都保存了原来的连续性，仅仅作了一些压缩或修改。］

财　产　权

道德的法则，因为是社会状态的法则，不得不把前社会状态置之不顾。纯粹的道德原理构成完全文明人的行为法典，即使在最巧妙的假设条件下，也不能使它们去适应不文明人的行为——甚至不能使它们认识这些行为以便对之作出明确的判决。由于忽略了这一事实，思想家们在企图证明伦理学的一些主要定理时，通常会陷入错误，回顾假想的未开化的荒野时代状态，而不是像他们应该做的那样，向前看去论及理想的文明；结果使他们自己纠缠在因伦理原理与假定前提之间不一致而产生的困难之中。为了以合乎逻辑的方式确立财产权利所使用的论据之所以带有模糊不清的特点，就可以归因于这种情况。

洛克说："虽然大地和一切低级生物是一切人所共有的，可是每个人的自身却是他的一项财产，除他自己之外没有任何人对它拥有权利。他的身体的劳动和双手的工作成果，我们可以说是恰当地属于他所有的。这样无论他从自然所提供的状态中取出什么东西，只要把他的劳动与之结合在一起，从而把属于他自己的东西加入进去，该物就因此而成为他的财产。它是由他从大自然所放置的通常状态中取出来的，通过这一劳动某些东西被合并到它上面，这样就排除了其他人的共同权利。由于这项劳动无可争议地是劳动者的财产，除他之外就没有人能对曾经加入这项劳动的东西拥有权利，至少当还有足够的而且同样好的东西留下来给他人共享时。”

在回答这一点时，人们也许会评论说，由于根据前提——“大地和一切低级生物是一切人所共有的”——在任何物件能够公平地从“大自然所放置的通常状态中取出来”之前，必须得到一切人的同意。也许可以争辩说，当说到通过收集任何自然产物，一个人“把他的劳动与之结合在一起，从而把属于他自己的东西加入进去，该物就因此而成为他的财产”时，真正的问题被忽视了；因为需要争辩的论点是：他有没有任何权利去收集，或把他的劳动掺和进依照假设先前属于整个人类所共有的东西。也许这样说很有道理：一个人在捕捉、收集上面花费的劳动，使他对捕捉到或收集到的事物拥有比任何别的一个人更多的权利；但引起争论的问题是：由于这样花费的劳动，是否就使他对捕捉到或收集到的事物的权利大于别的一切人事先存在的权利的总和。

由于加上了限定条件，即对任何这样取得的一件财产的所有权要求，仅在“当还有足够的而且同样好的东西留下来给他人共享时”才是有效的，于是又提出了更多的难题。像这样的一个条件，引起如此众多的疑问、怀疑和限制，以至实际上把这总的主张完全抵消了。比方说，可以问一问：怎么知道还有足够的“留下来给他人共享”？谁能决定留下的东西是否和拿走的东西“同样好”？假如余留的东西比较不那么易于得到怎么办？假如没有足够的东西“留下来给他人共享”，占有的权利必须如何去行使？为什么在这种场合，劳动和获得物品的结合就不再“排除了其他人的共同权利"呢？假设可以得到足够的，但不是同等好的，每个人又必须依据什么规则来选择？由于这样的追问，似乎不可能使宣称的权利不受到如此严重的损害而摆脱出来，以至使它从伦理学的观点看来，成为完全没有价值的了。

这样，正如已经暗示过的，我们发现野蛮人生活的环境，使得抽象的道德原理无法应用；因为，在前社会条件下，不可能通过对那些有关者所占有的自由的量进行比较，来确定某些行动是正确的还是错误的。

社 会 主 义

一切人都有使用大地的同等权利这一学说，乍一看来，似乎是默认与刚刚由之推断出财产权利的组织相矛盾的某一类社会组织；[①]即这样一种组织，其中公众不是把土地出租给他们团体内的各个成员，而是把它保留在自己手里；由合股机构耕种它；分享它的出产：事实上，就是通常所说的社会主义或共产主义。

虽然表面上很有道理，这种设计却是不能严格地按照道德法则加以实现的。在它可以呈现的两种形式中，其一在伦理学上是不完善的，另一虽然在理论上正确，却是无法实行的。

这样，如果把大地出产的相等部分给予每一个人，而不去管他对于取得出产所贡献劳动的数量和质量，那就是做一件破坏公平的事。我们的第一原理所要求的，不是人人都得到有助于满足其身体各项机能的事物的相同的一份，而是人人都有追求这些事物的相同的自由——完全相同的机会。给每个人一个机会去获取他所期望的物品是一回事；把物品本身给予他们，不论他们有没有作出适当努力去获得它们，是另一回事，而且是完全不同的一回事。

---

① 指上一章一个省略的部分，它的论据经过修改现在放在《伦理学原理》第四部分。

不仅如此,它还必然完全违犯同等自由的原理。因为当我们主张每个人的完全的自由,仅以一切人的同样自由为界限时,我们是主张每个人在规定的限制范围内,可以自由地去做他的愿望指使他去做的任何事情;因此,他可以在这些限制范围内为自己要求可以得到的所有那些满足和满足的来源——在他不侵犯他人的活动范围的情况下能得到的一切满足和满足的来源。因此,如果许多人从相同的活动范围出发,其中有一个人,由于他的较大的力量,较大的才智,或作出较大的努力,获得比其余人更多的满足和满足的来源,而且他这样做并没有侵犯其余人的同等自由,道德法则就分配给他对这些额外满足和满足的来源的专有权利;其余的人,如果不要求比他所要求的更大行动自由并因而违犯这一法则,也就不能从他手里把它们拿走。由此推论,把大地的产物均等地分配给所有的人,与纯粹的公正是不相符的。

另一方面,如果根据每个人曾经帮助生产的程度按比例地分配产品,这种建议虽然抽象地说是公正的,可是已经不再是切实可行的。假如所有的人都是土地耕种者,也许有可能对于他们各自的要求做出近乎真实的估计。但是要搞清楚各种各样脑力和体力劳动者为了获取生活必需品总储量各自贡献的数量却是不可能的。我们没有办法来做出这样的分配,除非用平衡供需的办法,而这却是被假设排除了的。

如果像蒲鲁东先生宣称的那样,“一切财产都是抢劫”——如果没有人能够公平地成为任何物件的唯一据有者,或如我们所说,对它拥有权利——那么,各种其他后果之一就是从而推论,人对他作为食物消费的东西不能拥有任何权利。而如果这些东西在他吃掉以前不是他的，那它们又究竟怎么能变成他的呢？正如洛克询问的那样，“它们何时开始变成他的？在他消化的时候吗？还是在他吃的时候？还是在他煮的时候？还是在他把它们拿回家的时候？”如果没有什么先前的行动能使它们成为他的财产，那么也就没有任何同化的过程能够做到这点，甚至在把它们吸收成为身体的组织时也不能够。所以按这思想追踪下去，我们就得到一个奇怪的结论：既然他的骨骼、肌肉、皮肤等等全部都是这样由不属于他的营养造成的，一个人自己的血肉之躯也就不是他的财产——他对他自己的四肢并不比对别人的四肢有更多的要求权；而他对于他人的身体和对于他自己的身体一样有充分的权利！假如我们是按那些复合的水螅的同样方式生存——它们是由许许多多个体依附在一个共同的躯干上——这样一种理论才是充分合理的。但是在共产主义能够达到那种程度以前，最好还是拥护旧的学说。

思想的财产权

人对他头脑产物的权利和对他双手产物的权利有同等正当根据，这一事实还只得到很不完全的承认。诚然，我们有专利法、版权法，以及有关登记注册各种设计图样的法令；但是它们，至少其中有两项，更多地是由于尊重贸易政策的建议，而不是服从公正的指令制定的。法律当局告诉我们说，“专利并不是能够作为一种权利来要求的东西”，而只是企图用来“作为对工业和才能的一种刺激”。并非因为剽窃图样是错误的，立法者才加以禁止，而是因为他们要提供“对制造商的鼓励”。一般的意见也是如此。这种性质的措施通常被公众认为给予发明人某种“特权”，一种“报酬”，一种经过修饰的“垄断”。

这样一种信念的流行对于民族良心来说决不是值得赞誉的。试想一想，一个投机者由于股票行情上涨而获得的利润，应该从法律上公平地承认为他的财产，而可能要花费一个有天才的人多少年劳动才能完成的一些新思想的组合却不能由这个人“作为一种权利来要求”！试想一想，一个拿干薪的人被认为对他的职位具有“既得利益”，如果这项职位被废除，他就有正当的权利得到“补偿”；而一项曾经花费无穷无尽的艰苦的脑力劳动的发明，可怜的工匠曾经为它拿出也许是他最后的一枚 6 便士硬币——这项他全部用自己的劳动和自己的材料完成的发明——事实上全部由他自己心力的精华做成——却不被承认为他的财产！试想一想，他对它的所有权得到承认仅仅是为了方便——即使如此，还要支付400英镑左右才得到承认，而且到头来，还可以根据最细微的借口就把它取消！这表明怎样的一种对公正的厚脸皮的认识啊！人们将认为公平所提供的指导不能超出物质东西的交易——斤两、尺寸和金钱。让一个小店员从他主人那里拿走哪怕只是一枚看得见、摸得着、可称量的金币，一切人就会看出所有权受到了侵犯。可是那些怀着如此义愤大嚷大叫反对盗窃的人，却会购买一本盗版的书，而毫不感到接受盗窃来的商品引起的良心上的不安。不诚实，当表现为侵入住宅或盗窃绵羊时，会终生蒙受耻辱；但是偷窃他的工头关于纺纱或制造蒸汽机的改进计划的制造商却继续受到高度的尊敬。在逮捕也许曾从一位安逸的公民口袋内拿走手帕的顽童时，法律是够有效的；但是一个贫穷潦倒的设计者被富有的恶棍抢去成为他生活中唯一希望的东西却得不到赔偿。

通常的见解认为任何新的或改进的生产方式发现者的专用权是一种垄断——在这个词按惯例使用的意义上。让一个人据有由于使用他发明的某些更有效率的机器或更好的制作法而产生的全部利益，不允许别人为他自己的利益采取及应用这同一设计，他们认为那是一种不公正的行为。也不乏慈善家，甚至思想家，认为个人所创始的宝贵思想——可能关系到重大的民族利益的思想，应该从私人手里拿过来并公之于全体公众。

“可是请问，绅士们，”一位发明家也许会公道地回答说，“为什么我不可以就你们的杂物用品、你们的衣服、你们的房屋、你们的铁路股票和你们的存款，提出同样的建议呢？如果你们对'垄断'一词给予的解释是正确的，我看不出为什么这个词不应当应用于你们身上的外衣和你们餐桌上的食品。我可以用同样的理由辩论说，你们不公正地'垄断'了你们的家具，从公道上说，你们不应当把这么多住宅据为'专用'。如果'民族利益'应该是最高准则的话，为什么我们不应当把你们的财富，以及别的像你们一样的人的财富，用来清偿国债呢？诚然，如你们所说，你们诚实地获得了所有这些财富，但我也是这样获得我的发明的。诚然，如你们所说，你们靠它的利息生活的这笔资本，是经过多年辛苦劳动得来的，是坚持勤勉的报酬，那我对这部机器也可以同样这么说。在你们积累利润时，我在积累思想；你们花费在细心研究价格趋势上的时间，我是用来研究力学的；你们在新商品方面的投机和我的实验是一样，这些实验中有很多是费用昂贵而没有成果的；当你们在记账的时候，我在绘图；同样的坚持、耐心、思索和辛苦劳动，使你们发了财，也使我完成了我的发明。和你们的财富一样，它也代表着这么多积累的劳动；我依靠它为我产生的利益生活，正如你们依靠你们用于投资的存款所得利息生活一样。那么，请注意，你们是怎样对我的权利要求提出疑问的。如果我是垄断者，则你们也是垄断者，人人都是垄断者。如果我对我头脑的这些产品没有权利，则你们对于你们双手的那些产品也没有权利。没有人可以成为无论什么物件的唯一所有人，'一切财产都是抢劫'。"

把一位发现者所拥有的专有权设想为从公众那里攫取了某种

东西的人们，陷入了一项严重的错误。除掉少数几个疯癫的卢德分子[1]，人人都明白，凡以任何方式增加生产能力的人就是大家的恩人。成功的发明家作出对自然的进一步征服。他节约劳动力——有助于人们摆脱苦役以符合身体的需要。即使他想阻止，也无法阻止社会大规模地共享他的好运。在他能够从他的新制作法或新装置获得任何利益之前，他必须先给予他同辈的人们一项利益——必须或者按通常索取的价格提供较好的物品，或者按较低的价格提供同样的物品。如果他做不到这一点，他的发明就是一纸空文；如果他做到这一点，他就使社会在他开出的财富新矿山中成为一个合伙人。

让我们也记住，在这一事例中和在其他事例中一样，不服从道德法则最终对一切人都有损害。经过充分证明的事实是：由于普遍的欺诈而造成的物质财产的不安全状况，必然要对社会的惩罚作出反应。工业活力的减少与其报酬的不可靠程度恰成比例。不知道他们会有收获的人是不愿播种的。资本家把他们所拥有的钱贮藏起来而不用于实业，因为生产性的投资有危险性。于是就出现普遍性的资金缺乏。每一个企业都因缺乏信心而失去活力。由普遍的不信任引起的普遍的沮丧、冷漠、懒惰、贫穷，以及随之而来的悲惨境遇，同样地影响到各个等级的人们。性质上相类似，只是程度上轻一些的，是伴随思想财产不安全状况而来的灾祸。发明家争辩说：“如果说应该由其他人来享受这些令人厌倦的研究和数不清的实验的成果，我为什么要继续干它们呢？如果除了设计本

① 卢德派为19世纪英国手工业者为破坏纺织机器而组成的集团。——译者

身一切失败的可能性，以及我进行调查研究的全部时间、麻烦和开支而外，我应该受到被剥夺权利的处罚，那我应当立刻放弃这个计划。”虽然这种想法常常不能扑灭一个发明家的乐观的希望，但是一旦他受到社会很可能会加于他身上的损失之后，他就会十分注意，不再卷入同样的事业中去。他当时和随后可能持有的无论什么别的思想，则将得不到发展，很可能随着他一道进入坟墓。假如人们能充分理解作为其后果给生产手段之发展带来的阻碍，假如他们能适当估计他们自己因而会蒙受的损失，他们就会开始认识到，对思想财产权的承认，其重要性仅略次于对商品财产权的承认。

由于导致一种新思想在我们头脑中发展的那些原因，大概，或者我们也许可以说必然，最终会在他人头脑中产生相似的结果，上面提出的权利要求不应不加限制地承认。许多人已经指出，存在着各自独立的研究者几乎同时作出一项发明或发现的趋势。关于这一点实在没有什么神秘的。某种认识水平、科学上的最新进展、某些新的社会需要的发生——这些因素形成一些条件，在这些条件下，在相类似的人物头脑中会激起相似的一系列思想，最终很容易产生类似的结果。事实既然如此，于是就产生了对思想的财产权的一种限制——似乎很难或甚至不可能对它进行明确详细的说明。专利法和版权法把这种限制表达为将发明者或作者的特权限制于若干年的时期之内。但对于用什么方法可以正确地确定这个时期的长度，则未加任何说明。

妇女的权利

凡是辩称妇女在智力上的劣势阻止她们要求与男人权利平等的人，可以用好几种方式去驳斥他们。

1. 如果权利在两性之间应按其智力的量的比例来加以分配，那么在男人与男人之间，权利的分配也必须按同样的制度来进行。上面（本书第55页）已经指出的那些多重的令人困惑的问题必然由此发生。

2. 同样地可以由此得出结论，由于各处都有比一般男人具有毫无疑问的更大能力的妇女，有些妇女应该比有些男人拥有更大的权利。

3. 因此，这一假设不是把权利的某一固定的份额分配给男性，把另一固定的份额分配给女性，其本身意味着把权利分为无限等级，完全不去考虑性别，并且使我们要再一次去探索那些无法达到的迫切要求的东西——一种衡量能力的标准，以及另一种衡量权利的标准。

可是这一理论并不仅仅是经过审视才分崩离析的；只要去掉那些陈词滥调的掩盖，从表面上也看得出它是荒谬的。因为我们说到权利究竟指的是什么？只是运用各项机能的自由，而不是任何别的东西。而妇女在智力上低劣于男人的断言又是什么意思呢？不过是她的机能不如男人的有力量。那么，断言由于妇女智力上低劣于男人，她就有较小的权利的这种教条，又意味着什么呢？不外是这样：因为妇女的机能比男人弱，她就不应有与男人一样的自由去运用她**具有**的各项机能！

人的愿望最终表现为他们的信仰——指他们的真正的信仰，而不是他们的仅仅名义上的信仰。一种烈火般的激情把一切反对它得到满足的证据都烧光，而把为它的目的服务的那些证据熔合在一起，铸成用以达到其目的的武器。没有一种行为会恶劣到这样程度，以致使行为者不为它作自我辩解；如果这行为经常重复，辩解就变成了信条。最卑鄙的事件——巴塞洛缪大屠杀及这一类事件——也曾经有辩护人；不仅受到辩护，还有人喋喋不休地说这是履行神的意愿。描述狼在吞食绵羊以前对它提出控诉的寓言是含有智慧的。没有一个侵略者不扯起大旗，说服他自己他的事业是正义的。每一次军事征伐以前，都有献祭和祷告，从恺撒的一次战役到一次边境劫掠都是如此。上帝在我们一边，这是司空见惯的口号。冲突的两个国家中每一个都把自己的旗帜奉为神圣；无论哪一方面战胜都要唱起《神明佑护你》。阿提拉认为自己有一种“主宰世界的神圣权利”；西班牙人以使印第安人皈依基督教为借口而加以征服，把 13 个不听话的人绞死来向耶稣基督及其门徒表示敬意；而我们英国人为我们的殖民侵略辩护，说造物主意图让盎格鲁-撒克逊种族占据全球！无法满足的征服欲把杀人变成美德；在好些种族中，残酷无情的复仇心把暗杀看做一种责任。在斯巴达人当中，聪明的盗窃是值得赞颂的；在基督徒当中也是如此，只要它的规模足够大。对伊阿宋和他的追随者们来说，抢劫是英雄主义;对古代的挪威人也是如此;对马来人来说,现在仍然是这样;从来也不缺乏某种金羊毛作为借口。在追求金钱的人们中,一个人所受赞扬的多少与他花在商业上的钟点数目成比例。在我们这时代,积累钱财的狂热使工作受到崇拜。甚至守财奴也不缺乏一部道德法典借以为他的吝啬辩护。僧侣们认为印刷术是魔鬼的发明;而我们现在有些教派把他们不听话的教友看做魔鬼附身。

这种感情对信仰的支配到处都决定了男人关于他们与妇女关系的看法,这种看法的苛刻程度是与社会状态的野蛮程度成比例的。我们随意往哪里看,都发现正如最强者支配的法律在规定男人与男人间关系中达到什么程度,它也这样规定男人与妇女之间的关系。国家的专制与家庭的专制是联系在一起的。土耳其、埃及、印度、中国、俄罗斯、欧洲的封建国家——只消举出这些名字就足以提出无数带有例证性的事实。

一个人对另一个人的专横支配正在迅速地被公认为本质上粗暴和残忍的。在我们的时代,一个有高尚情操的人是不愿对他的同辈人扮演暴君角色的。如果有处在卑微境遇中的人向他奉承,他会感到厌恶。他非但不愿以压制他可怜无知的邻人来抬高自己,反而要努力使他们在他面前感到自在——鼓励他们举止不要那么顺从而要表现得更加自尊。他觉得一个同伴可以受到专横的言词和态度的奴役,正如受到暴虐的行动的奴役一样。因此他避免用唯我独尊的语调对他下面的人说话。甚至对受雇的佣人,虽然他通过契约取得了支配他们的服务的权利,他也不喜欢以权威的语气对他们说话。他反而设法掩盖他主人的身份;为了做到这一点，他把命令用祈求的形式隐蔽起来；他不断使用这样的用语："烦请"和"谢谢"。

在现代有教养的人对待朋友的行为中，我们发现了这种愈来愈尊重别人尊严的另外一些迹象。大家一定都注意到，亲密无间的人们小心地注意避免无论哪一方显得至高无上，而且假如存在无论什么样至高无上的情况，也要通过彼此的行为，努力避免记起这种情况。有谁没有看到过，两个这样的人之中，比较富有的一位有时会处于什么样的窘境，一方面想给另一位一点恩惠，而另一方面又害怕这样做时会因采取了保护人的态度而得罪他？又有谁不感觉到，假如他摆出他比他的朋友高出一头的架势，或他的朋友摆出比他高出一头的架势，那对他们之间存在的感情会有多大的破坏性？

这同一高尚感情的进一步增加将向男人们显示，在我们的法律所承认的婚姻方面的奴役和夫妻间应该存在的关系之间，有着非常不幸的不一致。假如一个具有慷慨天性的人不喜欢对受雇的佣人用命令式的腔调说话，假如他不能容忍对他的朋友采取一种上级的态度，那么，对于他在她身上倾注了全部温柔体贴感情的那个人，对于他应该为她的权利和尊严具有最活跃的同情心的那个人，要使自己成为凌驾于她之上的统治者，肯定地对他说来是多么完全可憎的事！

命令是对爱情的破坏因素。在把两性结合起来的激情中，无论是多么美的东西，无论是多么有诗意的东西，在权威的寒冷气氛中都会枯萎、死去。爱情和压制生活在我们天性中如此遥遥隔开的两个地带，决不可能共同繁荣。爱情是富于同情的；压制是冷漠无情的。爱情是温柔的;压制是严酷的。爱情是自我牺牲的;压制是自私的。那么它们怎么能共存呢?前者的特性是吸引,而后者的特性是排斥;既然它们是如此互相矛盾的,每一个都不断倾向于消灭另一个。凡是认为两者可以相容的人,请想象一下他自己作为凌驾于他未婚妻之上的主人吧。难道他相信他可以这样做而不损害现存的关系吗?难道他不知道由于采取这种态度在双方感情上会产生坏的效果吗?如果承认这一点——因为他不得不承认——难道他还会迷信到这种地步,竟会设想原先会引起伤害的命令方式,经过某种形式的言词就会使它变得无害吗?

有许多人认为权威及其对同类的强迫是能够用来管理人的唯一手段。对他们来说,无政府状态和政府是唯一可以设想的两种选择。由于他们只相信亲眼所见的事,他们不认识在某种情况下有可能不依靠暴力或对暴力的恐惧而维持和平与秩序。这一类人无疑要反对男人统治妇女是错误的这种学说,其根据是家庭关系只有借助于这种霸权才能存在。他们将极力主张两性之间的权利平等是无法实行的,以证明它是不正确的。他们辩论说,假如把夫妻放在同一水平上,他们将永远处于敌对状态——因为,当他们的愿望发生冲突时,每一方都有权要求按自己的主张行事,婚姻的纽带就将天天因对立愿望的争执而受到危害;而既然它包含永恒的冲突,这样一种婚姻生活的安排必然是错误的。

这是一种很肤浅的结论。我们已经指出过(本书第22—23页),在完善的法则与不完善的状态之间必然要有矛盾。社会的情况愈糟,真正的道德法典必然愈显得不切实际。如果有任何提议的行为原则马上就可以充分实行——它的完全实现不需要对人性的改造——这种情况并不证明它的真实性，而只能证明它是错误的。相反，如果在这种原则和我们所了解的人性之间有某种程度的不一致，虽然这并不能证明那原则的正确性，却至少是一个对它有利的事实。因此，断言人类还不够善良，不足以容许两性在同等自由的法则下和谐地在一起生活，决不妨碍这条法则的有效性或神圣性。

但是永不休止的适应过程将会逐渐消除走向家庭公正的障碍。对道德定律的承认及依照它行事的冲动，携手并进——因为我们已经看到它们必然如此（本书第 17—18 页），婚姻状态中的权利平等将像产生对其公正性的认识那样快地变为可能。正如我们在另一处说明的（本书第 47—48 页），引导我们去维护自己的权利的同一情感，由于同情心的激励，也将引导我们去尊重我们邻人的权利。一种人人都爱护自己天生权利要求的状态，并不因此就是一种好争讼的状态，因为如果有适当的同伴感，就必然会产生侵犯行为不断减少的倾向。经验证明这一点。因为，正如无法否认现在人们中间主张个人自由的意向比存在于封建时代的要大，我们也无法否认现在人们中间互相侵犯的意向比那时所表现的要小。这两种变化是协调的，而且必然继续保持协调。因此，无论何时，当社会文明到足以承认两性间的权利平等——当妇女们对于应属于她们的事物获得了明确的认识，而男人们也有了一种高尚的感情，使他们许给妇女以他们自己所要求的自由——人类社会就将经历一种变化，使得权利平等成为切实可行。

婚姻生活在事情的这种最终状态下，将不是以永恒的争吵，而是以相互忍让为特征。在丈夫方面,不再有要把自己的权利要求维护到极度而不顾及妻子的权利要求的愿望,在妻子方面也不再有同样的愿望,相反,双方都将会有一种注意不进行侵犯的愿望。两方都无须采取防御姿态,因为每一方都将关心另一方的权利。担心的是会做出对另一方的侵犯,而不是自己受到侵犯。

[注:对于作者有关妇女政治地位的见解,请参阅讨论公正问题的《伦理学原理》第四部分,第 20 章和第 24 章。]

儿童的权利

作为抽象的真理，我们大家都承认激情会歪曲判断；可是我们从不查询我们的激情是否在影响我们。我们大家都大声反对偏见，可是我们全都是有偏见的。我们看到习惯、兴趣、爱好怎样塑造我们周围人们的理论；可是却忘记我们自己的理论也同样是这样塑造出来的。然而我们不知不觉地让感情使我们产生偏见的例子每时每刻都在重复地发生。一个人对他的思想特有的激情会那么有效地对他自己遮掩它们的缺点，正如母爱使一个母亲对她子女的不足之处变得盲目一样。一个作者无论如何也不能正确判断他刚刚写出的东西；必须等到时间的推移使他能够把它当一个陌生人的作品去阅读它，并在原来好像一切都完善的地方辨别出瑕疵来。一个画家只有当他对自己的绘画的热情冷下来时，才能看出它的缺点。当事情正在发生时，我们感觉不到自己的行动或别人对我们的行动最终会有什么意义；只有在后来的岁月里，我们才能用哲学家的态度对它们加以研究。对于连续的几代人情况也是如此。过去的人们完全误解他们生活于其下的制度。在他们的爱憎的支配下，他们顽固地坚持最坏的原则，而拼命反对正确的原则。人要把自己从习惯与教育加在他智力上的无形桎梏中解放出来是如此困难；因此一个民族不能胜任对它本身及其行为和信念进行正确的判断，这一事实是如此明显，以致它具体体现在下面这一警语中："没有任何时代能写下它自己的历史。"

如果我们行事明智，我们就应假定现代社会的推理也易受类似的干扰影响。我们应该得出结论，即使在现在，和往昔一样，见解只是外界条件的副本。我们应该设想，许多似乎是冷静思考结果的信念，其实是环境在我们心里培养起来的。我们应该承认，从古至今，狂热地反对这一学说和顽固地坚持那一学说，并没有成为对这些学说真伪的考验；同样，一个国家现在对某些原理表现的爱憎也决不是它们正确或谬误的证明。

我们说一个人的性格可以由他所结交的朋友看出来；我们不妨同样地说，一种信仰的真实性可以由和它关联的各种信仰来加以判断。假定有一种理论在我们种族中堕落的各阶层普遍流行——一种理论在文明国家只是在大大被削弱的情况下得到接受——一种理论人们对它的信心随着社会的进步迅速减少；我们可以安全地宣称这种理论是错误的。根据这一看法以及其他证据，性别的从属关系近来受到了谴责。对妇女的奴役总是与社会生活的低级形式相关联的，而相反，妇女地位的提高总是伴随进步而来；这些观察到的事实被引用来作为部分的证明：使女性从属于男性是错误的。现在如果我们把**妇女**改成**儿童**，就可以引用类似的事实，得出类似的推论。男人对妇女的支配之暴虐曾经与时代或民族恶劣的程度成比例，如果这是真实的，那么，父母权威的严厉与无限制曾经同样地成比例就也是真实的。如果妇女的解放曾与社会的解放步伐一致是事实，那么老年人对青年人的专制统治曾按同样速度改善也一样是事实。

对于这里所断言的政治关系、婚姻关系、亲子关系之间的一致性，无论是谁需要例证，他都可以到处找到例证。仔细看看人类原始的状态吧，那时人与人之间互相攻击的行为使得社会几乎无法存在，他将看到不仅妻子们成为奴隶，挨苦受难地生存，儿童们也在同样条件下过着日子，而且在父亲愿意时就会被献祭给神。他会看到，在古希腊罗马时代，六分之五的人口受奴役的状况，是和儿童是父亲的财产和奴隶的理论，以及把妻子也看做和儿童一样被丈夫所拥有的法律上的推定相伴随的。在中国，在纯粹专制政府的统治下，舆论把妻子向地方长官控告丈夫视为不可饶恕的犯法行为，并把子女不孝顺列为仅次于谋杀的重大罪行。我们自己的历史也不缺乏例证。如果回顾一下宪法上的自由仅仅是名义上的，人们没有言论和信仰自由，人民的代表公开受贿及法官被收买的那些时代——也是制定妇女受奴役的法律与之完全协调的时代——观察者们就不能不为父母行为的粗暴和子女必须采取的谦卑服从的态度而感到震惊。在上一世纪，那时作为我们家庭状况的标志是以**先生**、**夫人**来称呼父母，是孩子应当毫不迟疑地和父亲指定的无论什么样的人结婚的原则；而作为政治状况的标志则是贵族的至高无上地位，是教会和国王的放纵，是对改革者的迫害——在那个时代和我们这时代之间，父母权威的严厉与政治控制的严酷二者的衰退是同时发生的。我们也看到，现代民主感情的迅速增长，与较温和的青年人培训制度的同样迅速传布，也是相互伴同发生的事实。

考虑一下对青年的培育近来受到多么普遍的注意，就有理由得出结论：既然为教育目的使用粗暴力量已大大趋于衰退，它必然包含一些根本的错误。但是对这点不用谈得太多，因为它和所有从权宜手段引出的推论一样，易于使其前提受到疑问，让我们不是由人们相信它会产生什么效果，而是由它必然产生什么效果来对强制性教育加以判断吧。

教育的一个主要目的是培养性格。遏制不受纪律约束的倾向，唤醒沉睡的情感，加强认识力和培养鉴赏力，鼓励这种感情而压抑那种感情，以便最终使儿童发展成为具有均衡与和谐天性的人——这既是父母的也是教师的目标。因此，在管理儿童方面提倡强制的人，他们之所以一定要这样做，是因为他们以为这是达到期望的目的——培养性格——的最佳手段。父亲不得不为培育孩子设计某种规则。部分由于信念，部分由于习惯，部分由于意愿，在它们的推动下，父亲决定赞同采用纯粹的专制，把教鞭拿出来作为一切争吵的最后裁判者。当然这种训育方法得到辩护，认为为了遏制不受纪律约束的倾向，唤醒沉睡的情感等等目的，如同上面所说的它是最适合的方法。现在设想我们问一问，这计划效果如何。一个难于亲近的小顽童正在不顾别人的安逸追求自己的满足——也许正在他的游戏中令人烦厌地大吵大叫，或者正在戏弄同伴以自娱，或者正试图独占原来打算给别人和他共享的玩具。唔，显然需要进行某种干预。父亲紧锁双眉，用严厉的语调命令他停止——用厉声的"照我吩咐的去做"来斥责类似不情愿服从的表现，如果必要，暗示给一顿鞭子或关进黑暗的小房间。在显示出种种倔强的情绪之后，孩子屈服了，可是他绷着面孔，表明心怀怨恨。而这时父亲拨拨火，洋洋自得地重新读起报来，心里觉得一切都成为应该的那样了。这真是最不幸的错误!

如果只是想要制止喧闹或机械地转移一件玩具,也许不能再寻找什么更好的方法。假如只要孩子履行了给他的命令,他的行动出于什么动机无关重要,那也就没有剩下什么要说的了。但是需要的还有别的东西。需要加以考虑的并不是行为,而是产生行为的感情。这里明白表现了自私心——在小规模上显示了我们社会上的邪恶可以主要归因于它的那种没有同情心的天性。那么,需要的东西是什么呢?很清楚是要产生一种心灵状态,它如果早先存在,就会阻止了那些讨厌的行动。或者,确切地说,必须加强那种同情心,恶劣的行为正是因为它很弱才发生的。

但是同情心只有通过运用才能加强。任何机能只有通过行使它的特殊功能才会增长——肌肉通过收缩,智力通过认识和思考,道德情感通过感觉。所以同情心也只有通过激起同情的情感才能增长。一个自私的儿童只有通过唤起他内心里对别人愿望的同情心,才能使他变得不那么自私。

那么看看这个案例究竟是怎么回事吧。要使一个贪婪的、天性粗暴的男孩变得通人情,为此目的却建议使用皱眉、威胁和棍棒?要刺激产生我们对别人幸福关怀的那种机能,却叫我们使人感受痛苦或对痛苦的恐惧?问题是要在儿童心里产生更多的同情心,而答案却是——打他,或让他不吃晚饭就上床睡觉!

让那些除掉严厉的命令和强硬的双手以外,对任何治理人类的手段都没有信心的人们,去访问一下汉韦尔精神病院吧。让一切自认为实际,以其半野蛮的理论引为骄傲,对和平运动、废除死刑及这一类运动冷嘲热讽的人们局促不安地去看一下怎样能够不用强力而对一千名精神病患者加以管理吧。让这些嘲笑“感情主义者”的人们想一想通常精神病院的恐怖吧，那里有的是悲叹、哀泣和咬牙切齿，是凄惨的铁链叮当声，是令晚归的过路人毛骨悚然加快脚步的撕破夜晚寂静的尖叫声。让他们把那些恐怖情景和在废除使用紧衣束缚精神病患者的制度[①]之后的平静、满足、温顺，得到改善的身心健康，以及并非不常见的康复来作一番对比吧：那时再让他们为他们的信条脸红。

一个有着不健全的感情和不正常的心智，不断因病态的幻想的挑动而受困扰的可怜的疯子——一个精神如此令人绝望地混乱以至连最热心的人权辩护者也要把他的情况作为例外的人——难道对他都可以采用非强制性的治疗方法，而对一个儿童却不可以吗？难道有人会主张：对疯子能用说服的方法去管理，而对儿童们却不能；道德力量的方法对那些失去理智的人最适用，而对有理智的人却是采用物质力量的方法最好？恐怕不会有吧。如果通过明智的行为，可以赢得甚至疯子的信任——如果甚至对一个疯子的混乱的智力，慈爱的照顾和同情的态度都能使他相信他周围是朋友而不是魔鬼——而且，如果在这种信念之下，甚至他，虽然已成为各种混乱的冲动的奴隶，也变得比较温顺，那么一个儿童在同样的影响之下将会更加容易变得这样。只要赢得一个孩子的信任，用你的行为使他相信你心里想着他的幸福；让他发现你是你们两人之中较聪明的；让他体验一下遵从你的忠告获得的利益，和不顾

① 见康诺利博士《论精神病院》。

你的忠告引起的弊害，你就不用担心，你会很容易地对他进行指导。

如果我们想要一个孩子成为好工匠，我们就通过早年的见习来保证他获得专门技术。青年音乐家——未来的音乐家，每天要用好几个小时演奏他的乐器。意图做画家的人必须修完画轮廓和上明暗的初步课程。对于未来的会计师就要规定在算术方面做十分充分的练习。通过数学的研究寻求发展思考的能力。因此，一切训练都基于通过培训才能熟练精通的原理。在“习惯是第二天性”、“实践出真知”等这类谚语中，人们表达了这些由普遍观察得到的最终结果，各种教育制度明显地都是以它们为根据的。

那么，作为一种道德的生物，人的最重要的特性是什么呢？可不可以回答说是自我控制的机能呢？这是形成人类与牲畜之间的主要区别的特性。正因如此，给人下的定义是“瞻前顾后”的动物。文明种族之所以高于野蛮人就因为在这方面有较大的才能。理想的人的完美点之一就在于这方面的优越。他不易冲动——不是受轮流来到的每一最强的欲望驱使而走向这边或那边，而是自我克制，自我平衡，为集会上的各种感情的联合决定所支配，每一行动都要经过它们充分的辩论和冷静的决定——这正是道德教育所努力要造就的。

但是自治的能力，正和其他能力一样，只有通过运用才能发展。凡是想要在成熟时期控制他的激情的人，必须在青年时期就学习控制自己的激情。那么，看一看强制办法的荒谬性吧。不是让孩子习惯于使他成为管束自己的法律，如同他在今后生活中需要做的那样，而是用强制办法对他行使法律。不是为他离开父亲庇护的日子做好准备，引导他确定他行动的界线并自愿把自己约束在这界线之内，而是用强制办法替他画出这些界线，并且说："越过这些界线你就要遇到危险。"我们这里有个人，在几年之内就要变成自己的主人，而为了使他适应这种情况，却尽量少地容许他做自己的主人。在每一其他事项方面，人们认为，一个人成年后要做的事情都应该很好地训练孩子去做，可是在一切事项中最重要的事项方面，人们却认为他愈少实践愈好。难怪那些在最严厉的纪律下长大起来的人如此常见地变成狂野的人之中最狂野的。

的确，使用物质力量的办法不但做不到使青年人适应他将来的地位；而且绝对地易于使他不适应。假如他的命运是当奴隶——假如他今后的生活必得在一个俄罗斯专制暴君或一个美国棉花庄园主的统治之下度过，那么，比起让他习惯于随后必须采取的完全顺从态度的方法来，就不能设计出更好的训练方法。但这种对待会使他对于奴役适合到什么程度，也就必然会使他对于做自由人当中的一个自由人不适合到什么程度。

但是究竟为什么需要教育呢？为什么儿童不能自发地成长为一个正常的人呢？为什么有必要遏制这种倾向，激励另一种情感，这样用人为的方法来把心灵塑造成与他自身原会变成的不同的事物呢？这里岂非有一种天性方面的变态吗？在所有其他生物中，我们发现种子、胚芽都不需要外力帮助就达到完全的成熟。在地里丢下一颗橡子，到适当时候它就会变成一株健壮的橡树，既不需要修剪，也不需要整枝。昆虫在没有外力帮助的情况下通过几次变形而达到最后的形态，从而具有各种必要的能力和本能。不需要任何强制就可以使小鸟或小兽采取适合于未来生活的习惯：它的性格和它的身体一样，自发地与它在世界上必须扮演的角色完全适应。那么怎么恰巧单单人的心灵就会倾向于错误地发展它自身呢？这岂非必然有什么例外的原因吗？很明显：假如是这样，一种真正的教育理论就必须认识这个原因。

使人类适合于原来掠夺性状态的道德素质，有别于使他适合于种族繁殖导致的现在这种社会性状态所必需的道德素质，这是无可争辩的事实。在我们的调查的前一部分中可以看出适应引起从一种素质到另一种素质的过渡。生活在这一过渡时期之中，如同我们现在的情形，我们就必须期待发现只能用下列假设来加以解释的性格特征：人类目前是部分地适应于两种状态，而不是完全地适应于其中任何一种——仅只在某种程度上失去了野蛮生活所需要的气质，而且只是不完备地获得了社会生活所需要的气质。刚刚说到的变态就是这些性格特征之一。儿童需要抑制的那些方面正是他们和原始人相似的方面。幼儿园中自私的争吵，游戏场上的烦扰，说谎和小偷小摸，对低等动物的粗暴对待，毁坏事物的习性——所有这些都包含有牺牲别人以求得自己满足的倾向，这种倾向使人在荒野中合格，而在文明生活中则不合格。

可是我们已经知道，野蛮人的本能必然由于不活动而减少，另一方面社会性状态唤起的情感必然由于运用而增长。这些改变将要继续下去，直到我们的欲望和我们的环境一致起来。当达到了道德成为其有机构成的最终状态，儿童性格发展中的变态就会消失。这位年轻人将不再是大自然中的例外，而将自发地发展成适合今后生活要求的形态。

这里我们自然被引到再一次论及完善的定律与不完善的人之间的必然不调和。上述学说似乎可能含有的任何空想主义成分，并非由于它们本身的错误，而是由于我们自己的错误。一定不要让部分的不能实行使我们感到迷惑；相反，它们必然是意料之中的事。我们按照道德定律行事发生的困难必然与我们低于纯粹道德状态的距离正好成比例，无论在对待儿童方面，或在任何其他事情方面。

在此要注意：正确进行教育的主要障碍与其说是在儿童方面，不如说是在父母方面。并非儿童对高于强力的感化力不敏感，而是父母没有足够的品德去使用它们。夸大子女的不良行为带给他们的烦恼的父母们，很奇怪地假定一切过错都是由于子女的恶劣习性，而完全不是由于他们自己的恶劣习性。虽然他们跪在地上忏悔他们是可悲的罪人，但听到他们对不尽孝道的子女的怨言，你会设想他们自己是纯洁无瑕的。他们忘记了孩子们的错误正是他们自己错误的翻版。他们没有认识到，这些时时挨骂经常挨打的小家伙就是这么多面镜子，在那里面他们可以看到反映了他们自己的自私。说他们对他们孩子的行为不适当正如孩子们对他们的行为不适当一样，会使他们大为吃惊。但是一点点坦率的自我分析就会向他们表明，他们发出的命令有一半是为了自己的方便或满足，而不是为了纠正错误的目的。把根源揭露出来，人们将会发现强制教育的理论并非出于人对子女的慈爱，而是出于对支配别人的喜爱。谁要是对这一点有怀疑，请听听通常的斥责："你怎么敢不服从我?”然后再考虑一下这种强调意味着什么。不对,不对,以道德力进行的教育即使在现在也是广泛地可以实行的,假如父母文明到足以实行它的话。

但是当然在某种程度上障碍是相互的。即使是我们现在所知的儿童时期最好的典范,偶尔也是无法用劝说管理的;当我们要对付较低劣的天性时,不使用强制去管理困难必然相应地要大一些。可是忍耐、自我克制、对儿童感情的足够的洞察力,以及对他们的适当的同情心,再加上一点选择手段方面的机智,通常可以获得远比人们所设想的要大得多的成功。

[注:这些摘自一章中的片段,并不直接触及儿童的权利问题。关于这些权利——由于承认父母的权利要求而受适当限制——的修正看法,见《伦理学原理》第四部分——公正。]

政 治 权 利

曾经有人写书证明君主的意愿就是臣民的绝对法律；如果我们把君主读为立法机关，我们就得出了权宜主义的理论。它仅仅是把“国王的神圣权利”修改成大多数人的神圣权利而已。它是民主化了的专制。在古代东方的政治体制下，公民是统治者的私人财产，根本没有任何权利，而在最终的政治体制下，公民的权利是完全的、不可侵犯的，在这两种体制之间，出现了这种中间状态：公民被准许拥有权利，但只是由于议会的容许。这样，权宜主义哲学就自然占有了它的地位，作为伴随我们从过去的奴役进步到将来的自由的一种现象。

一个马尔沃利奥这样的人的自命不凡就够可笑了，但是与立法机关的高傲自大相比，我们还必须走得更远。有些管家把他的管理权解释成所有权，也许可以更恰当地说明这点。假如这样一个人辩称，他被委派管理的产业实际上已经出让归他所有——为了获得由他管理的好处，产业主人已经放弃了对产业的一切权利——现在他住在那里只是由于他（管家）的容许——他将来将不能由这产业获得任何收益，除非出于他（管家）的恩惠——那么关于政府对国家的行为我们就会有一个正当的曲解；那么我们就会有一个与这种时髦学说相类似的学说，根据它的教导，当人们成为一个社区的成员时，为了某些社会的利益，就要放弃他们的天然权利。霍布斯和边沁的门徒们毫无疑义地要抗议这样一种解释。让我们向他们作一番盘问吧。

"你们的假设是，当人们进入社会状态时，他们就放弃了他们原来的自由，意思是他们自愿加入了这种状态，是不是这样呢？"

"是的。"

"那么他们一定认为社会状态比他们从前生活于其中的状态更加可取？"

"必然啦。"

"它为什么显得更可取呢？"

"因为它提供了更大的安全。"

"对什么更大的安全？"

"对生命、财产以及有助于幸福的各项事物的更大的安全。"

"一点不错。为了得到更多的幸福：一定是那个目的。如果他们预料到有更多的不幸福，他们就不会情愿地做这样的改变，对不对？"

"对。"

"幸福不就是充分满足一切欲望，充分运用一切机能吗？"

"是的。"

"而没有行动的自由，机能的这种运用是不可能的。没有追求和利用欲望对象的自由，欲望是不能够满足的。"

"的确如此。"

"现在，我们用'权利'这个词就是表示在特定限度内运用机能的这种自由，是不是这样？”

“正是这样。”

“好啦，那么把你的回答总结起来，似乎就是：按照你的假设，人是自愿地进入社会状态的；那意思就是他进入这种状态是为了更大幸福的缘故；那意思就是他进入是为了获得他的各项机能更充分的运用；那意思就是他进入是为获得这种运用的安全；那意思就是他进入是为了使他的‘权利’得到保证。因此，无论从哪一方面看，我们发现人们所寻求的目的是要保护权利。”

“好像是这样。”

“可是你的假设是：人们在进入社会状态时，就放弃了他们的权利？”

“是的。”

“现在你看你是怎样自相矛盾的。你声称在成为一个社会的成员时，人们放弃了——照你自己所表明的——他们之所以参加是为了更好地获得的东西！”

在许多政治迷信中，没有一个像大多数人是无所不能的这一观念那样广为流传。根据要保持秩序总需要由某一政党掌权这种印象，我们时代的道德意识觉得这样的权力只有社会上最大的一部分人才能正当地行使。这是从字面上解释“人民的声音就是上帝的声音”这句话；把加于其一的神圣性转移到另一者之上，结论就是对人民的意志，或者说，对大多数人的意志是不能上诉的。可是这一信念却是完全错误的。

为了便于进行辩论的缘故，假设一个足以代表舆论的立法机关，在马尔萨斯人口论所造成的恐慌的影响下，要制定法律规定所有随后十年出生的儿童都应被淹死。难道有人认为这条法律有道理吗？如其不然，那么大多数人的权力显然有一个限度。再假设，聚居在一起的两个种族——比方说，克尔特人和撒克逊人——之中，人数较多的一个种族决定要使另一种族成为他们的奴隶。在这种场合，难道较大数目人的权威是有效的吗？如其不然，那就该有些什么是它的权威所必须服从的。再作一次假设：所有年收入在50英镑以下的人，决定把一切超过这个数目的收入削减到他们自己的标准，而把余额拨作公共目的之用。他们的决定难道可以认为正当吗？如其不然，第三次必须承认有一条法则是人民的声音也必须服从的。那么这条法则，如果不是纯粹公平的定律——同等自由法则，又是什么呢？大家要加于大多数人意志之上的这些制约，还是那一条法则所规定的制约。我们否认大多数人有权利谋杀、奴役或抢劫，只是因为谋杀、奴役和抢劫是对这条法则的违犯——重大得不容忽视的违犯。但是，如果对这条法则的重大的违犯是错误的，那么较小的违犯也是错误的。如果在这些场合，许多人的意志不能超越道德的第一原理，那么在任何场合也都不能。

国家的政治体制

人仍然是自私的，这是一个尚可确定的事实。符合这个形容词的人将会为他们自己的利益使用放在他们手中的权力，这是自明之理。直接地或间接地，无论用这种或那种手段，如果不是公开地就是秘密地，总要为他们私人的目的服务。既然承认人是自私的这一命题，我们就无法避免下面的推论：拥有权威的那些人，如果得到允许，就会为自私的目的而使用权威。

如果有任何人需要用事实来证明这一点，他可以在最近一卷历史的每一页上找到它们。在"君主政治"这一标题下，他将读到无法满足的追求更多领土的渴望；没收臣民的财产；把司法审判出卖给出价最高的人；使货币不断贬值；以及贪婪到甚至无耻地去分享娼妓的收入。

他将发现封建主义为这同样的精神提供了例证：对待农奴的残酷无情；进行无视国法的私斗的权利；对边境居民的掠夺性侵犯；对犹太人的抢劫；向市民勒索的贡品——它们全都可以用来说明明显表现出这个制度特性的那句箴言："在我陷入贫困之前，你应该先陷入贫困。"

他想要在较晚的贵族政治的行为中寻找相同的证据吗？他可以在欧洲每一个国家发现它：在西班牙，贵族和僧侣的土地长期免征直接税;在匈牙利,直到最近,有地位的人免除一切通行税,只有商人和工人阶级才缴付;在法国,在第一次革命前,第三等级不得不挑起全部国家开支的负担;在苏格兰,不到两个世纪以前,地主们习惯于绑架普通百姓,把他们作为奴隶出口;在爱尔兰,在叛乱中篡权的一群地主,像对待野兽一样捕猎射杀天主教徒,因为他们胆敢要求自己的权利。

如果还需要更多的证据来证明权力将会用来为据有者的目的服务,英国立法可以提供许多这类证据。试举意味深长地被称之为"黑色法令"的那项法令(乔治一世第九项)为例,该法令宣布:任何人进行伪装并拥有攻击性武器,"出现在任何养兔场,或曾经饲养,或将经常用来饲养野兔、家兔的处所,并因而确定有罪者,将被判决为犯重罪,并按重罪案例,死亡时不能获得教士的恩泽"。圈地法又是一个例子,根据该法,公地按地主占有土地的比例被分给邻近的地主,根本不考虑贫苦村民的要求。还可以看到,如何通过巧妙的操纵,土地税一直保持不变,或甚至削减,而其他税却如此巨大地增加了。在这些之外,还要加上私人垄断(作为从国王那里取得的"一种照顾"),滥用公立学校基金,捏造官职及年龄等。

为私人目的使用权力的倾向在我们自己的时代也并非不那么明显。它表现在主张让地主利益占优势的选举制度上。在减轻向农民的各项征税,以便让他们能交纳更多的地租的立法中,我们也看到这种倾向。在狩猎法中它也清楚地表现出来。乡绅的宅第仅按其价值的三分之一征税,乡绅的这种行为也为它提供了见证。它还体现在使地主能够先于别的债权人,为获得他的地租而立即查封佃户财产的法律中。时常提到的遗产税和立遗嘱人死后的动产税也使我们想到它。它也包含在下列事实中：没有人会幻想对被开除的工人给予补偿，而对支干俸的绅士们，如果其职位被取消，却要把他们的“既得利益”买下来。在反谷物法同盟的小册子中，它得到丰富的例证。在150个陆、海军议员的投票中可以见到它。最后，我们发现掌权者的这种自私自利，甚至在组成教牧人员救济委员会的“尊敬的神父们”的行动中也显露出来，他们为了装饰他们自己的宫殿，占用了为教会利益托付给他们的专款。

但积累例证是不必要的。即令把世界上有史以来的每一个历史家都传唤作证，也不能使已经确定的事实变得更确实一丝一毫。为什么要问掌权的那些人是否曾经寻求自己的利益，把它放在别人的利益之前呢？按照我们所知道的人类的天性，他们必然曾经这样做过。正是人们身上所存在的这种牺牲邻人利益追求自己满足的同一倾向，才使政府成为必要。假如我们不自私，立法的制约就没有必要了。显然，单是国家权威的存在就证明不负责任的统治者会为他们的个人利益而牺牲公共利益，尽管有一切庄严的许诺、华而不实的宣言和细心安排的检查与保障。

可惜那些诽谤群众的人没有足够的智慧或足够的坦率，对群众所处的不利环境加以适当的承认。假如经过仔细衡量证据之后，结果劳动者的确比那些生活富裕的人表现出更大的恶习，难道因此就推定他们道德上更差吗？他们是在更多的诱惑下进行劳动的，这难道应该不予以考虑吗？难道应该在他们身上和在出生在更幸运地位的人身上寄予同样多的期望吗？难道应该对有5项才能的人和对有10项才能的人提出相同的要求吗？确实，即使不对他严加评判，双手粗糙的劳动者的命运已经够可怜了。好好考虑一下他的这些天赋吧——这些能力、喜爱、口味以及由它们所产生的模糊不清的渴望。现在请想想：他怀着被紧锁起来的欲望，命中注定要整日、整星期、整年地辛苦劳动，除掉吃饭和睡觉以外没有片刻松弛。请观察一下：看到他的比较富有的同胞们所分享、而他自己却必须永远被排除在外的欢乐，怎样激起他心中可望而不可即的渴望。请注意他因为被蔑视，好像他在人们中间毫不足道，而产生的屈辱感。然后还请记住，他没有任何前途，只有单调地继续这一切，一直到死。难道这是让他生活于其间的一种健康的事物状态吗？

对你来说，啊！可敬的公民，坐在安乐椅上把脚跷在火炉围栏上，对人民的不良行为大发议论是很容易的；对你来说，谴责他们的浪费和恶习是很容易的；对你来说，做一个节俭、正直和严肃的楷模是很容易的。你还会是什么别的样子呢？在这儿你四周都是舒适安逸的东西，拥有许多合法幸福的泉源，有好的名声要去维护，雄心壮志要去实现，还有到老年拥有足以过舒适生活的财产的前景。有这些优势，如果你还不能在行为上很好地节制，那才真是可耻。你有愉快的家，穿得温暖干净，吃得如果不是每天都很豪华，至少是丰盛的。在休息的时间有各种娱乐。一份报纸定时送到来满足你的好奇心；如果你爱好文学，就可以有许许多多书籍；如果你喜欢音乐，就可以有一架钢琴。你有充裕的财力来款待朋友，并受到款待作为回报。有讲演会、音乐会和展览会可以让你前往，假如你愿意去的话。当你想休假时，就可以有假期；而且你能拿出钱来每年到海边作一次旅行。而你却把享受这一切特权归功于你是一个行为端正的人！很难令人为此而赞扬你！如果你没有染上放荡的习惯，又有什么可以值得称道的？你很少有要这样做的刺激。你没有把你的积蓄花费在性的满足上，也算不上你的光荣，没有它你已经有足够的乐趣。但如果把你放在一个劳动者的位置上，你会做些什么呢？你的这些美德会怎样顶住贫穷的磨损呢？假如你被剥夺了现在鼓励你的一切希望；假如你没有比每周收入10个先令的多塞特郡农场的仆役，或永远生活在窘困中的织袜工人，或经常失业的磨坊工人有更好的前景，你的谨慎和自我节制又会跑到哪里去呢？让我们看看，要是你从早到晚被拴在一项令人厌烦的工作上；吃的是粗劣的食物，而且勉勉强强够吃；娶的是一点不懂管理家务的工厂姑娘；被剥夺了由教育打开门户的各种乐事；除掉小酒馆外没有任何娱乐的场所；那时再让我们看看你是否会像现在一样的坚定。假设你的积蓄不是像现在那样从收入的盈余内存起来的，而是从不够支付各项生活必需的工资里挤出来的；那时再考虑考虑你是否会像现在这么容易为未来做准备。假设你自己是被污蔑地称之为"群氓"的那个阶级中的一员，被指责为粗野、愚钝、品行恶劣，被猜疑为心怀恶意、图谋不轨，那时再说说看，做可尊敬的人的愿望是否会像现在这样在你身上切实起作用。最后请想象一下，如果你知道你的能力只是平庸的，而你的竞争者不计其数，你已无望达到更高的地位，那时使你坚忍不拔、深谋远虑的刺激是否还像你现在的那么强有力。

归根到底，关于富与贫的相对缺陷这个问题是一个可鄙的争论，两个互相嘲骂的学童犯了同样的错误，可以最适当地拿来相比。愤懑的激进主义者抨击“卑鄙的贵族”，而在贵族那一方，则因恐惧而夸大暴民的残忍。没有一方能够看到自己的罪恶。没有一方能在另一方身上认出穿着不同服装的他自己。没有一方能相信，假如放在相似的环境中，他也会做另一方所做的一切。但是一个冷静的旁观者发现在他们两者之间无从选择——知道这些阶级之间的相互指控只是按同一模式扩散的不道德的发炎症状。你可以随意把人们贴上“上”、“中”、“下”的标签，你却无法阻止他们成为同一社会的单位，受到时代的同一精神的影响，按照同一性格的型式被塑造。力学上作用与反作用相等的定律，在道德上有着类似性。一个人对另一个人的行为倾向于最终对双方都产生相同的效果，无论这行为是好还是坏。只要使人们发生关系，无论等级的区分或财富的不同，都不能阻止他们同化。无论谁放在野蛮人中间，随着时间的推移，也将成为野蛮人；假如他的同伴是奸诈的，他为着自卫也将变得奸诈；假如是心地慈善的人围绕着他，他将变得温柔；而在高雅的人中间他将获得修养；而且这样使个人迅速适应于社会的同样影响力，也保证民族性的普遍同一，虽然要通过比较缓慢的过程。这不是没有事实支持的理论。无论我们愿意在何时向何处看，都可以收集到大量的证据。古罗马统治者的残忍和在竞技场上心满意足地观看竞技的平民的残忍是完全相同的。在中世纪奴隶反抗战争中，贵族们拷打反叛者，反叛者拷打贵族们，都是同样的穷凶极恶。几年前在加利西亚发生的大屠杀，使执行屠杀的人们和按人头付钱给他们的政府同样不光彩。东印度公司允许给予补偿让他们放弃既得的掠夺权利的阿萨姆酋长们，和在他们中间专营抢劫的股份公司成为常事的大多数平民相比，既不较好也不较坏。在俄罗斯也表现了相似的同一情况，那里大家都一样是骗子，从骗取军队口粮的元帅亲王，盗窃皇帝仓库的军官，在办案前要求先给贿赂的地方长官，与小偷订有秘密条约的警察，夸耀他们获得成功的欺诈诡计的店主，一直到行使无穷无尽的诈骗手段的邮政局长和四轮马车车夫。上一世纪在爱尔兰，人民搞派系斗争，组织秘密的复仇团体，而决斗则成为绅士们的娱乐，而且扩展到这种程度，以致律师不得不同受过他威胁的证人或对他感到不满的主顾进行决斗。[①] 让我们不要忘记这种性格的一致性也由今天的爱尔兰人充分表现出来了，在他们当中，奥伦治会会员和天主教徒都表现出了同样残酷的偏执态度；在他们中间，地方长官和人民一道参加政党骚乱；在他们中间，农民们的挥霍浪费只有地主们能与之匹敌。我们自己的历史也提供了丰富的类似例证。当英国遍地是强盗和歹徒的时代，当民众对勇敢的盗贼心怀好感——在欧洲大陆某些地方现今仍然如此——的时代，是国王也扮演强盗角色的时代：他们用使货币贬值的方法诈骗他们的债权人；他们强征劳动者建造他们的宫殿（比方说，温莎堡），以监禁之苦强迫他们接受所给的工资；他们没收并出卖人们的货物，付给货主的钱还不到卖得价钱的三分之一。在宗教迫害的时代，以同样的残忍，天主教徒迫害新教徒，新教徒迫害天主教徒；查尔斯一世时的保王党人和圆颅党人[②]怀着同样的怨恨相互对待。在目前，

① “是由律师业退出的时候了，”一位老于此道的人说，“因为这种新奇、特殊的诉讼程序已经替代了使用火药。”——《60年前的爱尔兰随笔》(*Sketches of Ireland Sixty Years Ago*)。

② 1642—1652年英国内战期间的议会派成员，因剪短发故名。——译者

伪造船厂账目和窜改铁路报告所表现的不诚实，并不亚于行窃或偷盗羊只；而在廉价服装店店主与其工人的交易中发现残酷无情的人，在富有的地主从贫穷的配给地承租人手里索取双倍地租的行为中①，在负责可靠的贵妇们克扣饿得半死的缝衣女工工资的行为中②，也会发现这种残酷无情。爱好和娱乐方面的变化对一切人同样是共通的。韦斯顿老爷及其后裔之间的差别在人民之中也有类似情形。正如在西班牙，斗牛仍然是女王和她的属民都喜爱的消遣一样，50 年前在英格兰，斗鸡场和拳击场受到贵族和平民一样的光顾；而翻阅一下体育运动报纸，就会发现即使在现今，各阶级的人当中大约相等的百分比都显示了残留的野蛮人的本能。

如果无知的意思就是缺乏公民为正确发挥其作用所应理解的事务方面的信息（没有别的定义是中肯的），那么设想无知是未获得公民权的人所特有的，就大错特错了。这种无知是登记在选民

---

① “配给地一般都给的是贫瘠无用的土地，但是经过精心耕耘，它们很快就上升为高度肥沃的。它们变得愈肥沃，每块土地的地租就增加得愈多，我们听说目前公爵地产上的配给地，在对农场的同样竞争影响下，带给他阁下每公顷 2 镑、3 镑，甚至 4 镑的地租。”——《泰晤士报派往布莱尼姆地产的农业考察员》。

② 见论《劳工与穷人》的信件。一位军官的寡妇说：“一般说来，太太们在条件方面比零售商人苛刻得多；是的，零售商人通常比太太们显得对缝衣女工更宽大。我知道有一家缝衣店的女主人拒绝做一位太太的一些女衬衣，因为这位太太想按 9 便士的价格缝制它们。女店主说她不愿意那么厉害地役使可怜的工人，让他们按那个价格缝制衬衣。”——《纪事晨报》，1849 年 11 月 16 日。一个卖喂养唱歌小鸟用的杂草和草皮的小贩说：“太太们对人很苛刻。她们试图跟我还价，在草皮方面很挑剔。她们对我说，她们可以出 1 便士买到半打，所以我只得让她们买了三四个。”——《纪事晨报》，1849 年 11 月 20 日。

册上的人所共有的，假如没有其他例证的话，只看他们在选举中的表现就可以收集到足够的证据。由选择贵族代表所显示的攀附权贵的精神可以推断出许多东西。人们的洞察力多少是值得怀疑的，他们一方面抱怨捐税负担太重，一方面却把大批陆、海军官选进议会，而这些人却是对再增加捐税感兴趣的。现时掌握政治权力的人们所自命的高级智识，可以引用一个普通农民集市上的争论和经过选举提炼产生的贤智者会议上的辩论之中的话，来加以检验。但是不用详述这些一般性的考虑了，让我们考察一下商人阶级抱有的关于国家问题的某些意见，看看这些意见在多大程度上使他们有资格享有开明的声誉。

"货币就是财富"，这是亚当·斯密时代以前立法者和经济学家普遍持有的信条，根据这一信条，通过普遍的同意，制定了把钱币吸引并保留在国内的议会法令。穆勒先生在他的《政治经济学原理》的引论中假定这种信念现在已经消亡。在哲学家中间可能如此，但在贸易界它仍然是流行的。我们继续听到有些行动被赞扬为会"使货币流通"；如果分析一下周期性发出的关于"货币在流出这个国家"的警报，我们发现这种事件的发生被认为本身就是一种灾难，而不是仅仅表明国内消费品的匮乏。这里难道没有理由要求一点"开明"吗？

再者，为数不少的可敬的人们，在听到一场火灾或一个败家子疯狂的浪费时，用这种事情是"有益于贸易"的这种想法来安慰自己。如果健全的政治智识是一种必需的资格，那么这些人就是危险的选举人。

甚至一位自称为政治经济学家的人——查默斯博士——竟然

坚持认为，地主的收入并不构成社会资财的减少，因为这种收入的花费就是一种“转移，去维持、扶养勤劳的人们以酬付他们的服务”。这种主张等于说：归根结底，无论A及其仆人B、C或D是依靠他们自己勤劳的产品，还是依靠别人勤劳的产品来生活，是无关重要的！[①]

在富人和穷人中间都一样，仍然保留着粮食商人的投机买卖对公众有害的信念。他们的愤怒使他们看不到这一事实：在歉收后，假如不是因这些大中间商的购买使粮价立刻上涨，就不会有任何东西来阻止人们按平常的速度消耗食品；结果将是在下一次收成成熟很久以前，不充足的粮食就被吃光了。他们看不到这种商业活动，和让一条船上的水手们，在发现存粮不足以维持整个航程时，减少口粮，其效果是相似的。这是对选民们产生不利影响的一种十分严重的错误观念。

关于立法机关对各种不同行业——“农业利益”和其他“利益”——进行鼓励的权力，也流行着多么浅薄的理论。不仅农民们受到这种误解的不利影响，认为他们这一行业可以由议会法令变得永久地比其他行业更加兴旺，受过教育的城里人也持有这种谬见；他们完全忘记了人为地给予任何行业较大的获利可能必然要将如此大量增加的竞争者吸引入该行业，以至很快就把提供的优

① 毫无疑问，查默斯博士所反对的信念，即，地主的收入被他完全消费了，是一项错误的信念。因为正如他所指出的，它的大部分是用于供养那些直接或间接为地主的需要服务的人。但是查默斯博士忽略了下列事实：地主若不存在，现在为换取“维持和扶养”而给予他的服务，就会以别的方式给予那些生产者。地主的收入原来是来自他们的。

势降到一般水平，甚至暂时低于一般水平。在柜台后面和在农场上，难道不也和在车间里一样，需要教育者吗？

被恰当地如此称呼的民主政体，是根据同等自由定律塑造的一种政治组织。如果是这样，那些政治组织——在它们下面，如同在古希腊和罗马的政府下面那样，五分之四到十二分之十一的人民是奴隶——是不能称为民主政体的。像中世纪意大利的政治体制那样，只将权利赋予市民和贵族，也不能称为民主政体。甚至像瑞士各邦那样，一向把某些未被结合的阶级当作政治上被剥夺公民权者看待，也不能称为民主政体。这些应该称为扩大了的贵族政体，而不是民主政体。

在文明的较早阶段，在适应过程尚未产生很多效果以前，不存在争取政治平等的斗争。在埃及人中间，在波斯人中间，在亚述人中间，没有什么争取代议制政府的运动；对他们来说，一切争论只是谁应当成为专制君主。直到现在的时刻，印度人还表现了相似的情况。在我们自己进步中的较早阶段，也显示了相同的心理状态。在中世纪，效忠于封建主被看做一种责任，而主张个人自由是一种犯罪。人的权利在那时还没有被梦想到，革命只是王朝争斗，而不像以后时代所做的那样——企图使政府更加合于民意。如果在匆匆考察过远古与现在之间发生的变化之后，我们再思考一下现代观念与运动的性质——关于权利宣言、出版自由、奴隶解放、革除宗教的弊病、改革法案、宪章主义等等，并考虑到这一切之中怎样贯穿着一种类似的精神，这种精神怎样以不断增加的强度和普遍性表现出来，我们就会看到这些事实意味着一种道德上的变化；而且因为这些事实可以解释为对同等自由定律作出反应的这种复合机能的增长，那么把它们视为表明这种机能怎样在寻求使社会安排与该定律相和谐，就是合理的。

如果说民主政体是由这种作用而产生的，它也同样会由于这种作用而成为切实可行的。民治的政府形式与君主政府比较起来，加予个人的约束明显地要少。在谈到它时，我们使用诸如自由制度、自治政府、公民自由这一类的词，它们全都包含了这种意思。但是外部约束的减少只有当内部约束按同一比率增加时才能发生。行为必须受到或来自外部或来自内部的控制。如果来自内部的控制不是有效率的，就必须有一种补充的来自外部的控制。另一方面，如果一切人都从内部得到适当的控制，政府就变为不必要的了，一切人就完全自由了。现在，主要的自制机能是道德意识，那么任何特定的人民在他们制度中所能够支持的自由的程度，是与这种道德意识在他们中间的传布情况成比例的。只有当它的影响力牢牢占据支配地位时，民主政体所意味的那么大的自由才能成为可能。

最后，这同一机能的至高无上地位为民主政体的稳固性提供了唯一的保证。在被统治者一方，它产生我们称之为对他们自由的倍加爱护的心理——一种要抵抗侵犯他们权利之类的任何事情的警惕心；而在统治者中间，它引起对这些权利的如此尊重，以致抑制了他们也许会有的任何侵犯的欲望。相反，要是被统治者自由的本能有欠缺，他们对于其特权逐渐被剥夺就会漠不关心，只要这种剥夺不会立刻使他们陷入困境；而统治者在这种场合，由于对这些特权缺乏同情心，也将以同一程度肆无忌惮地去剥夺它们。

让我们仔细观察一下，经过这样对比区分的人们在代议制政府形式下的不同表现吧。在还不适合这种形式的人民中间，公民们由于缺乏要求得到同等权利的冲动，在行使他们的参政权方面变得漫不经心，甚至以不干预公共事务为荣。[①] 只要他们的自由只是间接地受到影响，他们将茫然不关心地注视着最阴险的措施被通过。只有毫无掩饰的侵犯才能使他们感觉到那毕竟是侵犯。由于他们实际上把自己的特权看得很轻，他们很容易被收买。在受到威胁时，他们不是采取自由的本能所指示采取的顽强抵抗的态度，而是唯命是从。如果被骗走了一项公民权利，他们毫不关心要去重行获得它；真的，当行使这项权利与任何眼前利益有矛盾时，他们会高兴地放弃它——甚至像过去时代在英国和西班牙的许多自治城市那样，呈请免除他们对代表的选举。与此同时，根据不久前详细论述过的社会同一性定律，那些当权者也会同样程度地随时准备侵权。他们威胁，贿赂，搞阴谋诡计；逐渐建立起一个更具强制性的政府。另一方面，在天生具有对同等自由定律作出反应的机能的人民中间，这种倒退的过程是没有可能的。具有真正民主感情的人热爱自由，正如守财奴热爱黄金一样，只是为它本身的缘故，并不顾及它明显的好处。他废寝忘食地看守着他这么高度评价的东西；从侵犯一开始的瞬间，就予以反对。要是任何人僭取不适当的特权，他就径直走上去，要求他们呈示这样做是凭什么权威。那些似乎在最隐蔽的场所进行的秘密交易也会唤起他的猜疑，只要还有什么没有解释清楚，他就不会把它搁置起来。如果在

① 自从上次革命以来普鲁士选举人的行为就是例子。

提出的任何安排中对他本人及其他人的自由含有潜在的危险，他立刻就会发现并拒绝予以同意。像立法机关要剥夺某一选区选民的选举权的这类提案，便会引起他的警惕，因为他马上想到这样对准一个选区的措施，也会对准许多选区。如果在他们一无所知的情况下，一个内阁部长能够为一块毫无价值的领土使国家卷入一场纷争，却把这样的政府称为负责任的政府，他觉得那是荒谬的。不需要用一连串的推理来向他说明，一个被授权的会议僭取把它本身任期从三年延长到七年的权力，是一种对代议制原则的违犯，任何关于其诚实意图的花言巧语的表白，也不能阻止他反对开创这样危险的一个先例。当要求他批准建立一项公共基金，而又约定在将来的某一时刻才告诉他这些钱是怎样花掉时，那他就更加激动了。关于“国家的紧急需要”以及这一类脆弱的借口，不能够使他上圈套去做这么明明白白自我愚弄的蠢事。他就是这样时刻提防着不让权利受到侵犯。当一个社区是由上述事例体现的精神所鼓舞的人们组成时，自由制度就肯定会继续下去。

国家的职责

我们的法律制度在国家及其人民相互间权利要求方面采取了十分片面的观点。在实施国家对人民的要求方面它是够严格的;而在人民对国家的相应要求方面,相对来说,它却是漫不经心的。它承认纳税人有权受到保护,那是真的;但它只是部分地这样做,那也是真的。对于某些归类为刑事犯罪的侵犯他人权利的行为,它随时准备保护每一个原告;但对另一些没有归入这一类的,它却让每一个人去保护他自己。最微小的伤害,如果是以某一方式施加的,地方长官就有权审理,什么也不用花费就可以得到补偿;但如果是以别的方式施加的,不论伤害多么严重,只好消极地忍受,除非受害者有大量的金钱和足够的大胆。例如一个人的帽子被人拉下碰到了他的眼睛,法律就会热心地支持他的诉讼——对攻击他的人处以罚金和诉讼费用,而且这么做并不收费。但如果不是被拉下帽子而是被错误地监禁,他却被有礼貌地转给一个律师,并告诉他可以对侵犯他的行为提起诉讼;那就是说,如果他有钱,他可以碰碰运气,要么输赢加倍,要么不分胜负;而如果他没有钱,他只好连这一获得赔偿的机会也得不到。对于扒窃钱包,如果它是按平常办法干的,统治权力机关承认给它的人民以无偿的保护;但是扒窃钱包可以用各种间接的方法,那它就会懒洋洋地袖手旁观,除非用很昂贵的手段使它发生兴趣。它会急急忙忙去保护被一个饿得半死的流浪汉夺去几个萝卜的人；至于生长这些萝卜的地产呢，却可以被人不冒任何风险地偷走，只要遭掠夺的地产主人无亲无友，身无分文。[①] 有些控诉只须悄悄说一声，国家马上就充当起警察、律师、法官和监狱看守等各种角色；而对其他控诉，它却充耳不闻，除非是通过它受贿的随从提出来。有时它是受损害者的捍卫人；有时它却放下武器，坐到裁判席上，而让压迫者和受压迫者互相较量。

人们置身于目前这种腐败的司法行政之下，却会坐下来，如实际上那样无动于衷，是相当引人注目的。我们对各种弊端那么小心戒备，有着一切机会去讨论、责难并修改议会的法令，我们那么经常准备着进行组织和鼓动，反谷物法、废除奴隶制和解放天主教徒等一切胜利记忆犹新；我们这些独立自治的英国人，竟然会每天坐视我们的司法制度中各种令人厌恶的状况，而不做出任何事情去改正它们，真是令人十分难于理解的。这倒并不是似乎这些事实还有什么争议；所有的人对它们都是意见一致的。法律方面的危险是尽人皆知的。司法官员的名字被用作欺诈和贪婪的同义词。法庭的判决是碰运气的典型。在所有的朋友当中你听到的只有一种意见；而每一个人又都用新的事例来证实它。现在有人告诉你说，某人收回价值 40 先令的财产用了 300 镑；你又听说一件

① 诚然，一个原告如能发誓说他的全部财产不到 5 镑，他就可以按照赤贫方式起诉。但是这种特权几乎是一纸空文。这样提起的诉讼通常归于失败，因为经办这些案子的人必须无偿地进行辩护，于是他们就漫不经心地辩护。

案子败诉是因为得不到一项证词来代替宣誓。你右边一个人会告诉你，一个法官允许一项起诉被驳回，是因为有抗辩说，在日期前未加上“公元××年”的字样；你左边的另一个人则向你述说，最近一个试图偷窃豚鼠的小偷是怎样被赦免的，因为豚鼠被证明是一种老鼠，而老鼠是不能成为财产的。这会儿讲的是一个穷人被他富有的仇人通过引诱他打官司而故意毁了他的故事；过一会儿讲的又是一个儿童在监牢里被关了 6 个星期，是因为没有担保人保证她出庭作证控告袭击她的人。① 一位绅士被诈骗掉他的一半财产，但不敢试图收回损失，因为害怕会丢掉更多；而他的不那么谨慎的同伴可以举出和他的经验相似的例子，说他只有两次濒于破产：一次是当他在一场诉讼中败诉，一次是当他打赢了一场官司。在各个方面，都会有人告诉你：以公正的名义进行的欺诈、压迫和报复；因为缺乏金钱用来买到纠正而忍受的损害；因为与有权的僭权者抗争是无用的而放弃对权利的要求；大法官法庭诉讼拖延的时间超过了诉讼人的终生；由于解决一项土地所有权而耗尽了财产；因不合规定手续而失去了地产。然后是一张受难者的清单：那些信任他人而被欺骗的人；用辛苦挣来的积蓄喂肥了律师的白发苍苍的老人；试图得到正当属于他们的东西而失去一切的衣衫褴褛、双颊凹陷的破产者；有些人沦落到依靠朋友的救济来生活；另一些人则死于贫困；不少的人因焦急变成疯子，或者在绝望中自戕。然而，当人人以憎恨的叫嚷互相回应时，这些不公正的事情却继续畅行无阻！

① 该案于 1849 年 7 月发生在温切斯特。

可是也不乏为这种事态辩护的人——他们实际上主张政府只应该不完全地执行他们所认可的政府的特殊职能。一方面，他们承认司法审判是文明生活的重大需要；另一方面，他们又坚持认为司法审判也许搞得太好了！“因为，”他们说，“如果法律价格便宜，人人都将会利用它。假如获得公正的审判不存在任何困难，那么在侵犯权利的每一案件中都将要求公正的审判。向当局的上诉将达现时的10倍之多。人们会为了最微不足道的触犯而急急忙忙去进行法律诉讼；讼案会因此而大量增加，以致治疗比疾病还更糟。”

这样的论证，或者是一种包含着重大谬误的论证，或者是一种包含着不能认可的假定的论证。因为请注意：把免费的司法审判下诉讼会大量增加这一点提出来，作为事情应该保持现状的理由，就意味着伴随纠正一切不正当行为而来的坏处，要比伴随顺从这些不正当行为而来的坏处更大。大多数对公民的侵犯要么必须默然忍受，像现在这样，要么必须受到裁判，像以后那样；而这里断言的是第一种选择更为可取。但是假如一万件讼案比一万件不公正行为更糟，那么一件讼案也比一件不公正行为更糟。那意思就是，作为一般原则，祈求法律保护是一件比被控诉的侵害行为更大的邪恶！那意思就是，最好根本不要有什么司法的管理！如果为了避开这种荒谬性，假定说，正如事情的现状那样，所有大的不公正行为都受到纠正——法律的费用昂贵只是阻止微不足道的不公正行为被带进法庭，因而不能作出以上的推论；那么，要么就得否认许多最大的不公正行为造成贫困，使受害者没有能力得到补偿这一明显的事实，以及平民在公民权方面受到的损害虽然绝对说很小，相对说却很大这又一明显的事实；要么，就得认为，理所当然，对于占人口十分之九因太穷而不能进行法律诉讼的人来说，从来就没有发生过什么重大的侵犯公民权的事情！

还不止于此。认为使法律容易接近就会增加讼案，事实也并非如此。会产生的却是相反的效果。通常的错误是根据其他一切都保持现状的假定来推断某项新安排的结果，正是这种错误破坏了这一预言的有效性。人们认为，理所当然，在假设的制度下，会发生和目前一样多的侵害行为。任何公正的观察者都会看出，现在所犯的侵犯公民权的罪行中，大部分是由于我们的司法制度缺乏效率；“因为舍弃公正的审判就会助长不公正的行为。”正因为无赖歹徒知道把他定罪存在困难，才诱使他做出无赖的行动。假如法律不是那么昂贵和那么不可靠，不诚实的商人决不敢像现在那样冒险干许多犯法的事。富人对穷人的侵犯行为将会很少，假如受害者不是实际上根本得不到任何补偿。请注意，对于企图加害于其同伴的人，我们的法律制度如何提出了不加惩处的诺言。假如他意中的受害者是财力很小的人，很可能无法进行法律诉讼：这就是一种鼓励。假如他有足够的钱，唔，即使那样，由于他像大多数人一样，非常害怕打官司，大概也会不加抵抗地忍受损失：这是进一步的鼓励。最后，我们的这位图谋不轨的人记得，假如他的受害者冒险起诉，司法判决是非常具有偶然性的事，有罪的人经常会被聪明伶俐的法律顾问解救：这是更大的鼓励。这样，在考虑一切之后，他决心去碰碰运气。现在，假如法律保护是有效率的，他决不会做出这样决定。假如法律的实施是及时、免费和可靠的，现在召唤他去做欺诈行为的那些机会和可能性就会消失了。只有双方都真诚相信自己是正确的那些案件，才会要求司法仲裁；而这类案件的数目是比较少的。因此，如果公正的审判很容易得到，讼案就远不是增加，而是很可能会减少。

但是归根到底，并不是这种或那种法律制度的建立使得人们的互相交往成为公平或不公平。问题还要更深一些。正如政府的形式一样，法律的形式也是由民族性决定的。一件器械的力量主要依靠的不是设计的巧妙，而是它的原料的强度。即使我们的工程师把他的计划制定得比过去任何时候都好，可是如果他没有考虑他的构造物的各个部件是否能承受得住加在它们之上的拉力，我们也不得不把他称为工作拙劣的人。对于制度的创制者也是一样。如果他必须面对的人民不具备必需的品质，那么无论他的计划怎么巧妙，也无济于事。我们别忘记：制度是由人体现的，尽管我们可以把他们组织在一起，但最终决定制度能否站得住的还是这些人的性质。被我们看做无所不能的那些社会形式，是完全次要的东西。古罗马的平民被赋予某些特权，可是当贵族们用虐待直至死刑来阻止他们行使这些特权时，这又有什么重要呢？我们的法律全书中包含有关于公平的条款，并委派官员去实施它们，可是当必须有一个大宪章来要求审判既不得出卖或拒绝给予，也不得加以拖延时，这又有什么重要呢？即使在今天，宣布了在法律面前，人人平等，可是当地方长官受阶级同情的影响，而对待一位绅士比对待一个手艺人更加宽大时，这又有什么重要？如果我们以为我们可以随心所欲地改正人们的关系，那我们是在欺骗自己。詹姆斯·麦金托什爵士关于宪法所说的话——它们不是制造出来的，而是生长出来的——适用于一切社会安排。如果认为，从前有人说“要有法律”，于是就有了法律，这并不符合实际情况。司法审判原来是不能实行的，是空想的，只是在人们变得不那么野蛮时，才变得愈来愈能实行。由个人斗争解决争端的制度和由国家仲裁解决争端的新制度，在各个时代一直并存：后者逐渐取代了前者——增长的速度超过了前者。封建贵族用城堡和家臣维护他自己的权利，而把要求法律帮助看做蒙受耻辱。甚至在他已经同意让他的宗主国君主作为仲裁人之后，也仍然是在比武场上，通过他的胳膊和长矛的力量，来赢得他的案件。如果我们还记得，在贵族和工人中间这种习惯都同样长期残留——直到最近我们还有决斗，对绅士们来说，去请求地方长官以避免决斗被认为是不光荣的，我们甚至仍然有拳斗，那是人们试图向警察隐瞒的；我们就会懂得：要使一项司法制度变得有效快过人们变得善良，是不可能的。只有当公共道德在某种程度上占了上风之后，民政权力机关才能强大到足以去执行它的最简单的职能。在这以前，它甚至不能镇压一群土匪；边境抢劫继续进行，尽管有它存在；仅仅在两个世纪之前，在我们自己当中，民政权力机关正是在它的根据地，还受到由天主教白衣修士组成的窃贼的藐视。在早先政府统治之下，司法官员被看做敌人多于被看做朋友。法律手续通常是为了压迫的目的而使用。案件是由徇私、贿赂和幕后的阴谋诡计决定的。司法机器在它不得不做的工作重压之下陷于崩溃；在乔纳森·怀尔德、杰弗里斯法官、甚至培根大法官这样的人身上，向我们显示了怎样由于普遍的邪恶使它的各个部件不可避免地陷于无法运转。我们读到奥兰治地方长官成为侵害者，而不是保护者；读到警察互相勾结合谋给他人定罪，以便他们可以得到擢升；读到前宫廷法庭的官员们，为了诱使人们在那里打官司，习惯上偏袒原告：这时，我们发现，在现时和在往昔一样，司法的保护由于时代的堕落而失效了。

民政权力机关所做的，在漫不经心的眼睛看来好像它在做的事，其实不过如变戏法的人实际上展现他表面上的奇迹一样。人是不可能创造力的。他只能改变力的表现方式、力的方向、力的分配。推进他的轮船和火车头的力量并不是他制造出来的；力量全部潜伏在煤里。他用锌在氧化时释放出的能因来发电报，但是他得到的能因不会超过组合起来的原子数量所产生的能因。他移动手臂时所用的能是由于他所吃食物的化学亲和力产生的。在任何场合他所能做到的任何事情只是利用潜伏的力量。这一点在伦理学上和在物理学上是同样真实的。道德的感觉是一种力量——人们的行动可以由它限制在一定范围内的一种力量；任何立法机构也不能真正增加它的效果。这种力量欠缺多少，它的工作也就有多少不能做到。对于我们的状况所需要的品质我们缺乏到什么程度，我们要吃的苦头就达到什么程度。大自然是不会受骗的。想把四肢摆出某些特别姿态来逃避地心吸力影响的人，和那些希望把自己安排在这种或那种政治组织形式之内以避开他们邪恶行为的重压的人相比，并不会感到更大的失望。每一点祸害都必须以这种或那种形式忍受——自觉地或不自觉地；以一种认得出的形式，或者经过伪装。没有任何哲学家能凭借某种政体的宝石从铅质的本能产生金质的行为。没有任何参议员、法官和警察的组织能补偿内心占统治地位的情感的缺乏。没有任何行政的花招能够把我们从自我中拯救出来。

但这岂不含有政府没有任何用处的意思吗？完全不是这样。虽然政府不能改变必须承受的不公正的总量，它仍然可以改变不公正的分配。它实际上做的也正是这一点。由于它的帮助，人们在相当大的程度上把他们必须忍受的不幸均等化了——把它比较一致地散布到整个社区，散布到每个公民的生活中。行使各项机能的完全自由，有时因自由完全被剥夺而被打断，并为这种被剥夺的永久的危险所损坏，代替它的，是一种受到经常但只是部分限制的自由。在无政府状态下，一切人都容易遭受，而且许多人实际遭受生命、肢体和生活资料的损失，代替它的，是一种政治组织以一种比较温和的形式犯下的普遍性的侵害。在以前损害是偶尔发生的，但却是毁灭性的，现在则是不停息地发生的，但却是可以忍受的。这是一种相互保险免受精神上灾难的制度。正如人们无法阻止火灾和船舶失事，然而却可以通过共同承受它们，并把损害分配到很长的时期，以互相担保不致因这些灾害而遭到毁灭；同样，虽然为了公正的目的，人们团结起来并不能减少必须承受的不公正的总量，他们却能够——而且实际上也是这样做的——保障他们自己不至于像在另一情况下获至致命性的结果。

当我们同意国家的基本职能是保护——实行同等自由的法则——维护人们的权利时，我们实际上就给它指定了不仅保护每个公民免受其邻人侵害，而且保卫他，和整个社区一起，不受外国侵略的职责。一支侵略部队对人民权利的侵犯，和人数相等的一群罪犯一样,或者还要厉害得多;所以我们的定义要求政府在一个场合和在另一场合同样要抵抗侵害。保护——这就是人们通过政治上的结合所寻求的东西;是反对内部的还是外部的敌人并无关系。毫无疑问,战争是不道德的。但是在执行法律中所使用的暴力也一样;一切强制都是如此。伦理的法则肯定要被司法当局的行为所破坏,正如它被国防军的行为所破坏一样。一个警察用警棍敲打和一个兵士用刺刀的刺杀之间,原则上是没有任何区别的。对受害者的人身,两者都违反同等自由的法则。在两种场合都使用了足够的武力来使人屈服;这武力是由穿红衣的人还是穿蓝衣的人使用的,那并没有关系。警察就是单独行动的士兵,士兵就是共同行动的警察。政府用前者去分别攻击一万个单独对社会进行战争的罪犯;而在受到以训练有素的军队形式组成的同等数目的罪犯威胁时,政府就召集后者。对外国敌人的抵抗和对本国敌人的抵抗有着同一目的——维护人们的权利,使用的是同一手段——武力,因此它们在性质上是相同的;无论对哪一个都不能给予更多的谴责。战场上所做的只不过是集中地表现了政府所固有的并附属于其一切职能的不道德性。在它的军事行动上如此明显的事,在它的民事行动上也是如此——用不正当的手段来镇压不正当的行为。

因此防御性战争(当然前面所述的一致之处只适用于这种战争)必须加以容忍,因为它是两害之中较轻的一害。的确,有些人无条件地谴责它,而愿意以不抵抗去迎接侵略。对这种人有好几种回答。

首先,前后一致将要求他们以同样的方式去对待他们的本国的公民。他们必须不仅容许自己被欺骗、被攻击、被盗窃、被打伤而不进行积极的对抗，并且必须拒绝民事权力机关的帮助；这是鉴于由别人代为使用武力的人，和自己使用武力一样，应对之负同样责任。

再者，这样一种理论使得人与人及国家与国家之间的和平关系不必要地看来似乎是空想的。如果人人同意不侵犯别人，他们必然和人人同意不抵抗一样，肯定会和平相处。所以，既然要建立如此困难的行为准则，作为预防战争的方法，不抵抗的规则一点也不比不侵略的规则更有效。

此外，不抵抗的原则并不能由道德的法则引申出来。道德的法则说：不要侵略。它不能说：不要抵抗；因为要是说这句话，就预先假定它的告诫被破坏了。正如一开头就证明了的，道德描述的是完美的人的行为；它不能在它的前提内包括由不完美产生的情况。当一切人都成为他们应该成为的那样，那时取得普遍统治地位的规则必然是正确的规则，难道不是这样吗？而那时变得不可能实行的规则必然是错误的规则了。那么，在一个理想的国家，不侵略的法则为一切人所遵守，是每个人行为的最高原则，得到充分的实行，它统治，它生存；反之，不抵抗的法则必然变为一纸空文。

最后，可以表明不抵抗是绝对错误的。我们不可以漫不经心地放弃我们应得的东西。我们不可以为和平的缘故放弃我们与生俱来的权利。如果尊重别人的权利要求是一种责任，那么维护我们自己的权利要求也同样是一种责任。在他们身上是神圣的东西，在我们身上也是神圣的。难道我们不是有一种机能，使我们感觉并坚持我们对行动自由所拥有的权利，同时还通过一种反射过程，也使我们能重视我们同伴拥有的同样的权利吗？难道我们不曾发现，这种机能，只有当它为我们自己采取强有力的行动时，才能为别人采取强有力的行动吗？难道我们必须假定，它的同情的鼓动应当留心倾听，而它的直接鼓动反倒应该置之不理吗？不，我们在受到侵略时，不可以采取消极态度。我们的责任的切实可行性就包含在充分维护我们的权利要求之中。

关于国际仲裁，我们必须说，正如关于一部自由的宪法，或关于一个良好的法律制度一样，它的可能性是一个时间问题。曾经一度使得一切政府都不可能存在的同样原因，到目前为止一直禁止了这个范围最广的政府。各民族的联邦——一个全人类的社会，只有当人对社会性状态的适应已经变得相当完全时才能存在。我们已经看到，在文明的最早阶段，当时排斥的力量很强，聚合的力量很弱，只可能有小的社区。这种性质的改变致使这些氏族、部落、封建领地以及宗族结合成为国家；而更进一步的改变则将容许更进一步的联合。

与此同时，在展望将来某种囊括一切的联邦安排时，我们心中必须记住：这么复杂的一种政治组织的稳定性，依靠的不是一个国家的适合，而是许多国家的适合。

国家职责的限度

给每个器官一项职能，每个器官都有它自己的职能，这就是一切组织所遵循的法则。要做好它的工作，一个机构必须具有做那项工作的特殊适合性；这也就暗含对任何其他工作的不适合性的意思。肺不能消化，心脏不能呼吸，胃不能推动血液循环。每一片肌肉，每一种腺，必须有它自己特别的神经。身体上没有一根纤维不具有一个把食物带给它的渠道，一个把过剩的东西排走的渠道，一种刺激它执行它特有任务的能因，以及一种排去衰老物质的机制。我们同样发现，在最低级类型的生物和最高级类型的生物之间，最基本的区别是：在前者身上，极其重要的行动是由少数几种简单的能因进行的，而在后者身上，极其重要的行动是被分解为它们各自的组成部分，这些部分每一个都有它自己的能因。在其他种类的组织中，这一相同的原理也是很明显的。制造厂商发现，通过把他的每一个工人完全限于做一项工序，他能够大大增加他的工厂的生产力，他这样做就是根据这种给每个器官一项职能的同一规则。如果我们比较一个村庄和一个城市的商业安排，我们将发现，村庄的小贩每人经营许多种买卖，而城市的店主大部分使自己限于经营单一的买卖；这向我们表明，一个高度发展的商品分配机构是怎样相似地以职责再分工作为其特色的。语言也是这同一真理的例证。在它的原始状态，它仅只有名词，用来含糊地不加区别地表示一切概念，而在目前的状态，它包含许许多多“词类”，这一发展的过程就是逐渐把词分成服务于不同目的的各个类；与这一过程的进展同步，语言也变得能够充分实现它的目的。[①]

那么，我们可不可以设想，把一项职能分派给一个器官是在一切机构中提高效率的条件呢？如果就我们所见而言，这不仅是自然组织的法则，而且是按表面意义说我们称为人为组织的法则，它难道不很可能是普遍性的法则吗？它难道不是制度的法则？它难道不是国家的法则？我们难道不可以料想，一个政府也一样，对一项目的特别适应就意味着对其他目的的不适应？是不是可能由于授予一个政府额外的职能，就会牺牲它特殊职能的充分执行呢？这会不会意味着一个政府不应承担这类额外的职能呢？

但是且把类比放在一旁，让我们问一问事实是不是：在承担其基本职能之外的任何职能时，国家就开始丧失执行其基本职能的能力。只要我们的合股保护性社团把自己限于保障其成员的权利，它就肯定是与民族共久远的；因为当的确需要这样一个组织的时候，大部分人就会牺牲一些东西来取得它的保护。但是如果把一个额外的职责分派给它，立刻就会多多少少产生一些分裂。请观察一下政府与持不同意见的公民之间情况是怎样的。公民说：

“你作为统治机关，是被委派来干什么的？不是来维护那些雇用你的人的权利的吗？或者换句话说，来保证每个人的充分自由，

① 直到现在(1890年)我为了编写这部节略本的目的重读《社会静力学》时，上面这段话被人们忘记达40年之久。它一定是1849年写的；这表明在那个时期，我已进入这一思路，经过随后若干年的探讨，它导致关于进化的一般规律。

以便他去行使他的与其他一切人的同等自由相容的各项机能吗?”

“是这样决定了的。”

“还决定了只在为保存这一自由的余留部分所必需的范围内,你才有理由去减少它,不是吗?”

“显然这是一项推论。”

“一点不错。现在让我问一问,你为着此外的一项目的,以赋税形式向我索要的额外数额的这财产,这金钱,是什么呢?它岂不是使我能够得到食物、衣服、住房、娱乐,或重复原来的说法,我赖以行使大部分我的机能的东西吗?”

“是的。”

“因此,减少我的财产就是减少我行使我各项机能的自由,难道不是这样吗?”

“很明显。”

“那么你的这项新税实际上将要减少我行使我各项机能的自由啦?”

“对。”

“唔,你现在还觉察不到这个矛盾吗?你不是在扮演保护者的角色,你是在扮演侵犯者的角色。你曾被委派来保障我和其他人的东西,现在你却要把它拿走。照顾每个人追求其各项愿望的目标的自由,除一切人同样的自由外,不受任何限制,是你特有的职能。用税收的手段或对公民的限制来减少这一自由,超过执行这种职能所必需,是错误的,因为它和这一职能本身正好相反。现在你的新税的确这样超过需要减少了这一自由,因而不能认为是正当的。”

可是,人们也许会辩论说:当一个政府超越它的原有职责时所做出的坏事,只是表现上如此;因为虽然它缩减了人们在某一个方面的行动范围,在另一个方面却将它们扩大了。一位反对者会说,所有这些追加的职能,以这样或那样方式对社会的需要有所帮助;那就是说,它们对人们愿望的满足给予便利;那就是说,它们给人们提供行使其机能的更大自由。假如你争辩说,拿走一个人的财产就减少他行使其机能的自由,因为减少了行使这些机能的手段,那么你必须公平地承认,通过为他取得某些他希望的事物,或通过拿开在他和那些事物之间的障碍,或以别的方式帮助他达到他的目的,国家是在增加他行使其机能的能力,因此实际上是在增加他的自由。

对这一切的回答是:取消人们在一个方面的机会,而在另一方面增加他们的机会,在最佳情况下也要伴随一种损失。让我们记住:一个社会经由其政府做出某些成果所使用的力,并未因行政机制而有所增加,却在摩擦中消失了一部分。政府显然不能创造行使机能的任何便利,它所能做的只是重新分配它们。把政府为满足一个公民的需要,以额外税收形式从他手里拿过来的力量的数额记下来,减去在官员们操作下发生的严重浪费,其剩余部分变成某种新的形式,就是能够给还他的一切。这笔交易因而是一笔赔本的交易。这样,当企图由承担追加的职责为公众服务时,政府对所有持不同意见的人就不能尽到责任;而对此它并非由于向其余的人提供增加的利益而真正作出了补偿;它用一只手给予他们的只是比他用另一只手从别人那里拿过来的较少的东西。

但是事实上这笔交易比它那样从表面看起来的还要有害，因为甚至那笔礼物也是一种幻想。权宜哲学——它的一个实际的表现就是这种普遍性的国家监督——包含着这一信念：政府不但应该保证人们不受妨害地追求幸福，而且应该向他们提供幸福。可是没有什么设计会具有更大的自我挫败的性质。人，像在一开始就简短勾出的轮廓那样(本书第12—13页)，是由一组使他适合于周围条件的机能所组成。这些机能的每一种，如果发展正常，在运用时就对他产生一种满足，构成他的幸福的一部分；而且在运用它的行动中做出的某些事会有助于这个人作为一个整体的需要，并对其他机能提供依次履行其各自的职能及产生各自的特殊愉快的机会：所以，当它们健康地得到平衡时，每一机能都有助于所有机能，而所有机能又有助于每一机能。除非这一机制运转得相当有效率，否则我们就根本不能生活；而只有在能力和需要之间的相互关系完美时，我们才能完全地生活。那么，显然，凡是这样正确地构成的人，是不能加以帮助的。通过某些人为的机构去为他做任何事情，就是要替代他的某些能力——使它们放下不用，因此就要减少他的幸福。

“但是人并不是完全的；他们并不是健康发展的；他们并不具有与需要相一致的能力；因此，按照事情的实际情况，政府并不由于它插手进来就先占了有若干机能去填充它们的那些职位。”这很对；可是由于我们尚未成为我们应该成为的人，最值得希求的是我们尽可能快地变成我们应该成为的人。我们必须失去使我们适合原来状态的特征，而获得使我们适合现在状态的特征；关于弥补我们不足的这些机械办法，我们要问的是：它们能便利这种改变吗？

稍稍想一想就会使我们确信它们会推迟改变。需求与供给是贸易的法则,也是生活的法则。你要抽出某种衰弱的情感并使它增长吗?那么你必须使它尽可能好地去做要求于它的工作。必须让它一直保持活跃,一直紧张,一直为它的不称职而受到麻烦。在这样对待下,它将经过若干代缓慢的过程,获得效率;于是一度曾是它做不到的任务将变成一种健康的、愉快的、希求的刺激的源泉。但要是让一种国家手段插入这类机能及其工作之间,适应的过程立刻就会中止。处于胚胎状态的机能因现在被一个委员会——一个部及其官员幕僚所代替,立刻就要萎缩;因为正如能力因运用而获得一样,能力如不运用就一定会丧失。因此,人类不再继续把自己塑造得与社会状态的自然要求相协调,而是开始采取适合于这些人为要求的形式。这样,如前面所说,政府不但由于拿走多于为保护目的所必需的财产而彻底改变了它的职能,而且它为了回报这样过多拿走的部分而给予的东西,本质上也是一种损失。

的确,有一种机能,或者毋宁说是一组机能,对于其缺陷,如国家尽其所能,是可以方便地予以弥补的——也就是说,社会靠这种机能才可能存在。很清楚,要将任何人的素质塑造成适合于新的生存条件,就必须把他置于那些条件之下。承认了这一点,可以随之推断,因为人曾经,而且现在仍然缺乏那些阻止反复发生的个人间的敌视及因而引起的不团结的感情,于是就需要一种人为的力量来使他们的团结得以维持。只有通过适应过程本身,才能产生使社会的平衡变为自发倾向的特性。因此,当过程尚在进行时,就必须使用一种手段,第一,把人们约束在社会状态之内;第二,制止危及该状态的行为。在政府之中我们就有这种手段。

现在请注意，无论我们从这一观点，或从前面论述过的观点来考虑政府，我们得出的关于它的结论本质上都是相同的。因为当政府履行这里指派给它的职能，即将人们保留在他们应该适应的环境之中时，它也就是在履行我们由另一根据指派给它的职能——保护者的职能。执行审判——守卫人们的权利——恰好就是使社会能够存在。鉴于两个定义在根本上是相同的，我们就对下列事实有了准备：无论我们用哪一种方式去说明国家的职责，它都不能超越那个职责而不使自己被挫败。如果看做保护者，我们发现一旦它做的事情超出了保护的范围，它就变成侵犯者而不是保护者了；而如果看做对适应的帮助，我们发现一旦它做的事情超出了维护社会状态的范围，它就要推迟适应而不是加速适应。

对于说上面所划出的国家职责的界线是划错了地方的论断，明显的答辩是：你向我们指出应该划在哪里吧。对这一要求，权宜哲学家们从来还未能作出答复。他们所主张的定义根本就不是定义。正如我们在一开始就证明的，说政府应该做“权宜的事”，或做倾向于产生“最大幸福”的事，或做有助于“一般利益”的事，实际上等于什么也没有说；因为关于这些迫切要求的事物的性质，有着无数不同的意见。一个由意义含糊的词所组成的定义不过是一堆荒唐话。当“权宜”的实际解释仍然是一个看法问题时，说政府应该做“权宜的事”，就是说政府应该做我们认为它应该做的事！

那么我们的要求仍然是——一个定义。在政府的可能行动的两个极端之间，适当的界线究竟在哪里？政府的干预，应该像在古老的时代那样，扩展到确定宗教信条；还是像它曾经做过的那样，扩展到监督制造业、农业活动和家务；还是像最近那样，伸展到贸易；像现在那样，到人民教育；像已经做的那样，到公共卫生；像在中国那样，到服装；像在奥地利那样，到文学；以及到慈善事业，到仪表，到娱乐？如果不是扩展到所有这些，那么应该扩展到它们当中哪一些呢？假如困惑的调查者要寻找权威根据，他将发现不只限于这些，还有许多更多的干预的先例。如果像那些不赞成裁缝师傅在裁缝店外做活的人，或者像那些要阻止工业监狱的产品排斥手艺人产品的人，或者像那些想制止贫民义务学校的儿童和女裁缝竞争的人，他认为可以希望用商业整顿来进行干预的话，那么有充分的例子可以提供给他。有亨利七世的法律，它命令人民应该在什么集市上出售他们的货物；有爱德华六世的法律，它规定对牟取高利的交易课以100镑罚金；有詹姆斯一世的法律，它规定多少啤酒卖一便士；有亨利八世的法律，它规定出售的钉子只能是“双头的，钉头要紧紧焊接在钉身上，并磨得很光滑；钉身要刨好；钉的尖端要用锉加工好，并磨尖”，否则就要受刑罚。他还得到那些确定劳动工资的法令的支持；还有那些法令，它们指示农民，例如在1533年，何时播种大麻和亚麻是强制性的；还有那些法令，它们禁止使用某些材料，例如现今大量消费的苏木，在1597年是被禁止的。如果他赞成这样广泛的监督，也许他会采取路易斯·布兰克先生的意见，即“政府应被视为生产的最高调节人”；在采取这种意见以后，就要把国家的管理扩展到法国曾一度达到的程度，那时制造商因使用的材料或织品的质地有缺陷，就要被施以枷刑；那时有些人被罚款，是因为用绒线去织法律规定应当用马海毛制作的一种布，而另一些人被罚款，则是因为他们的驼毛布不够指定的宽度；那时一个人不能自由地选择他的店铺的地点，不能在所有的季节都工作，也不能为一切人工作。认为这是过于琐细的干预吗？那么，对于德国的那些规定也许要表示更多的支持，按照那些规定，一个鞋匠在来检查的评判委员会证明他的能力合格以前，被阻止干他的手艺；那些规定使选择了一种职业的人永远不能再选择另一种职业；那些规定禁止任何没有执照的外国小商贩在德国城镇定居。如果工作应受到管理，那么提供工作，并迫令懒汉做适当分量的工作，岂不是适当的吗？在那种场合，我们应当怎样去处理我们流浪的人口呢？我们将从索尔顿的弗莱彻接受一点提示吗？他热情地倡导在苏格兰建立奴隶制度作为对"这么多万就在今天还因缺乏面包而濒于死亡的我国人民"的一种恩赐。或者我们将采取卡莱尔先生的类似建议吗？他要通过把爱尔兰人民组织成经过训练的矿工团来医治爱尔兰的贫困。还有劳动时数——应当怎么办？答应了工厂工人的请求，难道我们不应该接受日工面包师的请求吗？而如果接受了日工面包师的请求，为什么不(如科布登先生所要求的)考虑吹玻璃工人、淘粪工人、翻砂工人、设菲尔德磨刀匠，以及一切其他阶级，包括辛勤工作的议员自己的情况呢？而且提供了就业，确定了劳动时数，解决了行业规章，我们还必须决定国家应当对人民的心灵、道德和健康照顾到什么程度？有这样一个教育方面的问题：在满足了公立学校关于用税收支付教师薪金的普遍愿望，并采纳了尤尔特先生关于城镇图书馆及博物馆的计划之后，我们难道不应当考虑一下要有国家讲师的补充提议吗？如果这一提议也同意了，实现戴维·布鲁斯特爵士的方案不也很好吗？他希望有“由国家任命的专门从事科学任务的人”——“一支智识上的教士队伍”“去发展时间与空间中所包含的光荣的真理”①。然后在建立一支“智识上的教士队伍”与宗教上的教士队伍作伴之后，再有一支身体上的教士队伍——如同有些不收费的医师所倡导，而且我们在工会医生身上已有了萌芽的——于是就很出色地完成了这部三重奏。如果已经赞同把病人交给政府官员去照料，为了前后一贯，当然就会要求采纳G. A. 沃克先生的政府殡葬制度。在这种制度下，“当权者”应该“特别注意”“我们同胞中最贫穷者”能够“适当而庄严的转移”到墓地去，而且在某些情况下应准予“免费安葬”。到此为止，已经实现了为每一个人做每一件事的共产主义的计划，我们难道不应考虑人民的娱乐，并以法国的歌剧津贴为范例，建立公共舞厅，举办免费音乐会，开设廉价的剧院，并配备有由国家付工资的演员、乐师和报幕人；同时适当注意去引导大众的鉴赏力，正如在“艺术同盟”参加者的事例中，我们现政府的确曾提议要做的那样？谈到鉴赏力，自然就提醒我们想到服装，在这方面可以做各种改进；比方说废除帽子：我们应当或者在爱德华四世身上找到良好的先例，他对穿着不合规格的“长袍或斗篷”的人处以罚金，并限制人们在靴尖上用多余的饰物；或者在查理二世身上找到良好的先例，他规定了其臣民寿衣应使用的材料。健康问题也需要注意；在处理这种问题时，我们岂不可以不无裨益地重新考虑限制人民餐桌上的花费以保护他们肠胃的古代法令吗？或者，想起我们现在流行的迟睡晚起的习惯对身体多么有

① 见1850年对爱丁堡英国协会的致词。

害，我们岂不可以不无裨益地从古代诺曼人的习惯（鼓励另一种做法）得到一些暗示，规定人们应该熄灭炉火上床就寝的时间吗？或者，我们岂不可以不无裨益地按照博索布雷先生——一位政治家——的意见行事吗？他说："宜在水果收获季节监视人们不要吃未成熟的水果。"而且，为使监督做到完美无缺，追随丹麦国王的例子岂不很好吗？他指示臣民应该如何洗刷地板，擦亮家具。

提出这些大量的问题，再加上它们必然引起的无穷无尽的从属问题，那就可以对权宜主义哲学家必须从其中找出道路的迷宫获得一些概念了。现在，它的线索在哪里？如果他要逃避政治上经验主义的指控，他必须向我们说明在每一场合他可以用来确定国家监督是否值得希求的考核标准。在完全不加干预这一极端，和每个公民都将被改造成长大了的婴孩这另一极端之间，有着无数可停留的地方；凡是要求国家去做超出保护范围的事情的人，需要说一说他想在哪里划线，而且要向我们指出为什么恰好是在那里而不是在任何别处的理由。

在确定应该做什么这一难题之后，接踵而来的是找出去做它的方法这另一难题。让我们免去权宜主义哲学家的一半任务——让我们假定大家一致同意某一件事是适当的事业；现在设想我们问他：你完成它的手段如何？你十分有把握你的器械不会在工作的负担下损坏吗？十分有把握它会产生你所希望的结果吗？十分有把握它不会产生某些极不相同的结果吗？可供殷鉴的教训是不缺乏的。"让我们消灭高利贷，"中世纪的统治者们自言自语道。他们尝试了，而做出的却正好与他们的意图相反，因为结果是"一切干涉借款利息的规定，都使它的条件变得更加苛刻、更令人难以承担”。“我们要消灭新教，”欧洲大陆的天主教徒们互相耳语道。他们尝试了，但没有做到这一点，却在英格兰播下一个从事制造业的组织的种子，它在很大程度上替代了他们自己的组织。“给劳动阶级固定的居住地将是适当的，”提出济贫法的议员们这样想；而在把这思想付诸实行时，最终却形成了间隔制度，以及过分拥挤的小房子和流动的劳工帮。“我们必须扑灭这些妓院，”柏林当局在1845年作出了决定。他们的确清除了妓院；然而在1848年，户籍官的登记册和医院的报表证明事情比以前要糟得多。[1]“假如我们迫令伦敦各教区把他们的贫穷儿童放到乡村去抚养和教育，”乔治三世时代的政治家们说，“那会大大有助于保护教区贫穷婴儿的生命。”于是他们通过了乔治三世第七号法规，即第39号法规；不久就开始了收费寄养儿童的业务，结局是图亭悲剧。这类殷鉴难道不值得注意吗？

然后是他的管理机构：他能负责保证它们的工作令人满意吗？通常的评论说，公共事业比一切别的事业管理得都要糟，并非完全没有根据。今天，他会在某一个部的行为中找到例证，这个部使一处如新森林那样宝贵的地产对国家造成每年3,000英镑的损失；这个部准许一个奸诈的代理人把索尔西森林全部砍倒并将木材运走；而且在1848年只把账目做到1839年3月。明天，他会读到海军部把事情办得一团糟——船只造得很差，拆成碎片，重新建造，又进行修补；因懒散使得国家造船厂落后于所有其他造船厂“大约

① 医生J. 贝伦德夫人的报告，见1850年3月16日《医学时报》。

七年”。时而暴露的是浪费，以每一囚犯合 1,200 英镑的费用建造监狱；时而又是漫不经心，让重要的法律档案混在垃圾里烂掉。这里有一个水手，国家要求他每月付 6 便士给一家从未见到的医院，而且他从商船海员基金那里得到的养老金根本不如他本可以从一家普通保险公司那里得到的那么多；而从另一方面来说，那里却有一个造币厂的铸币人每年拿 4,000 多英镑，而他做的事只要用这个数额的十分之一来偿付就足够了。从博物馆目录编写进展的迟缓可以看出官方的办事拖拉；从不适合在里面讲话的议会两院的建筑可以看出官方的管理不当；从间接税务局、海关和邮政当局对改进一直持反对态度可以看出官方的固执。权宜主义哲学家在认真思考这类证据时，难道没有产生任何疑惑吗？或者，作为一个特别公开宣布受经验引导的人，他难道认为经验就整体而言对他有利吗？

基佐先生说：“相信政治机器的至上权力是一种十足的误解。”确实如此：而且它不仅是一种十足的误解，并且是一种十分危险的误解。如果人民相信政府是无所不能的，他们肯定将会组织革命以求实现不可能的事情。在他们对国家应该为他们做什么所抱有的过分想法这一方面，和国家可怜的表现这另一方面之间，肯定会产生对社会秩序极端不利的感情。

但是对“政治机器的至上权力”这种信仰并非人们与生俱来的，而是有人教给他们的。怎样教给他们的呢？显然是通过这些要求实施普遍的法定监督的鼓吹者，并通过他们从小就看到政府官员所承担的种种职能。在评论法国最近的大事时，基佐先生称为"十足的误解"的这个观念,是他和别人一道实际上一直在灌输的一种观念。他曾使官方监督管理的制度保持活动,在有些场合甚至加以扩大,而这一观念的产生正好是由于那种制度。那岂不很自然吗:人们生活在大批行政长官、副行政长官、督察员、审计官、监督官、高级警官和总数达535,000的其他政府雇员的管理之下;人们受政府教育,由政府教给他们宗教;他们必须在征得政府同意后才能离家外出;他们没有得到当局的允许不能散发一张传单,也不能传阅经书报审查官否决过的报纸;他们每天看到政府发布有关铁路的规章,巡视并管理矿山,建造桥梁,修筑道路,建立纪念碑;他们因而认为政府是科学、文学和美术的保护者,是荣誉和奖赏的施与者;他们发现政府承担火药的制造,监督马匹和羊群的饲养,扮演公共典当业者的角色,并垄断烟草和鼻烟的销售;他们看到政府从事一切,从公共工程的实施,下至妓女的健康检查;置身于这种环境之中,人们获得关于国家权力的种种崇高的观念,岂不很自然吗?既然获得了这些观念,他们岂不可能希望国家为他们去获取无法获取的利益,而且因国家没有做到这些而感到愤怒,并企图用暴力手段去实现他们的愿望吗?[①] 显然答复必然是肯定的。如果是这样,那么下列说法就不算过分:这种超越政府正当范围的行动,如实际情况那样,导致的那种"十足的误解"——那种对

① 正好及时:正当我面前放着修订版这几页的时候,出现一项引人注目的证据。关于现在采取的应付饥荒的措施及其在农民心中产生的效果,1891年11月28日《标准报》上刊登的一篇来自俄国的报道说:"那个农民自言自语道,沙皇一直到现在都在养活他,而且会继续养活他。"有一次我听到一位官员努力想说明这办不到,却得到了这样的回答——"如果我们的沙皇不能养活我们,我们将要找一个能够养活我们的沙皇。"

“政治机器的至上权力”的信念，就是勃朗和卡贝的那一类计划的自然先驱，也是国家机关企图实现这些计划必然产生的混乱状态的自然先驱。

社会安定因这种干预制度而受到危害，还有着其他的方式。它是一种十分花钱的制度。愈往前推行它需要的国家收入就变得愈大；而我们大家都知道重税与不满是不可分的。此外，它在性质上基本上是专制的。事事都管理，就不可避免地要使人们受到束缚；而减少人们的行动自由，则会使他们愤怒。由于它的无穷无尽的命令和限制，它令人烦恼；由于它公开宣称要帮助那些它不准许他们自助的人，它伤害了这些人的感情；由于它的成群的专横的官员一直在干预人们的职业，它令人苦恼。在上一世纪，法国的制造厂商曾因各种规定而受到妨碍；那时由国家决定应雇用的人员，应制造的商品，应使用的材料，以及产品的质量；那时视察员毁坏纺织机，焚毁未按照法律规定制造的商品；那时改进是不合法的，发明家要被罚款；这些对于大革命的产生起了不小的一份作用。在那些综合在一起使路易·菲利普政府被推翻的各种原因中，我们也不可忘记类似的监督所引起的愤懑，在那种监督之下，矿山未经当局允许就不得开采；书商或印刷商会由于吊销执照而被迫停业；从海里取一桶水也是犯法的。

这样，如果我们把政府看做维护社会状态的手段，我们发现，当它企图做任何别的事情时，除掉执行其职责的能力要受到**直接**损失外，还有一些次要的方面：在政府承担额外的职能时，就要危及它原来职能的履行。

商业管理

禁止任何商业往来，或者为任何这类往来设置障碍，政府就侵犯了人们的行动自由；而且这样做它就直接颠倒了它的职能。确保每个人运用其各项机能的最充分的自由，只要它与所有其他人的同样自由相一致：我们觉得这就是国家的职责。现在禁止贸易或限制贸易不仅不是确保这一自由，而且是把它夺走了。因此，在实施禁止或限制时，国家就从权利的维护者转变成权利的侵犯者了。如果说，一个国家权力机关被委任来保护我们不被谋杀，自己却变成谋杀者，就是犯罪；如果说，它被设立来防止盗贼却干起盗贼勾当就是犯罪；那么原来被任命来保障人们追求他们所希望的目标的自由的权力机关，却剥夺他们这种自由，必然也是犯罪。

我们看到，既然不公正的机构是由生活于其下的人民道德上的缺点派生出其邪恶的，那么它们必然一律为那种邪恶所渗透；既然社会的法律、信条和协议包含的只是稳固的性质，这同一性质必然也表现在所有共存的法律、信条、协议之中；而且，更进一步，任何改善的过程必将使它们同时都受到影响。我们看到：各种形式政府方面的专横，贵族对奴隶行为方面的专横，宗教组织及戒律方面的专横，夫妇关系方面的专横，以及对待儿童方面的专横，经常是一起盛行，也经常是按相同的比率减弱的。现在我们必须把商业法律方面的专横也放入这同一范畴。撇开渗透在一切自然过程中的那些较小的不规则性不谈，我们将发现，从出口商品就是死罪的时代，直到我们自己的自由贸易时代，在商业限制的严厉和其他限制的严厉之间，一向保持着不变的比率；在商业自由的增长和一般自由的增长之间也同样保持着不变的比率。

几件事实就足够作为这一点的例证。可以把刚刚提到的事例作为其中之一：与教会、国家和封建府第内的专制统治相联系，我们发现爱德华三世为了达到使外国人到我国市场来买东西的目的，禁止他的臣民发送任何大宗商品到国外，“违者处以死刑并没收其货物”，并且还进一步规定“该法律不得由他本人或他的继承人加以变更”。还请注意，这一相同的专制精神怎样表现在要求这些欧洲大陆商人在英国逗留期间必须与某些视察员住在一起的那些规定中，这些视察员奉派监督货物在指定时间内售出，并将货价收入再投资于英国商品；并负责向财政部提出有关每一商人进行交易的定期报告。顺便说一句，这些规定的放弃后来为祖先智慧的景仰者们深表惋惜，正如在我们时代某些人为浮动计算法的取消而哀叹一样。请再注意：在这同一制度之下，劳动者们怎样被迫为了获得固定的工资工作；而随后为保持收支平衡，店主又如何按规定的价格把食品卖给他们。还请注意：虽然这些法令之中最专横的已经不再使用，那些比较不那么负担沉重的法令却仍在继续使用；诸如上一章所讲到的高利贷法、给农民的命令、对寿衣材料的规定、给制造商的指示等等。但是不用再进一步细谈，不用再详述昔日法国制造商阶级曾经承受的无法忍受的限制，是与宫廷中的高度专制和外省仍然残留的封建制度同时并存的这一事实；不用去探索存在于政治上和商业上的束缚相互对应这一现象——尽管进行了革命，法国人依旧生活在这些束缚之下；不用不厌其烦地指出在普鲁士，在奥地利，以及在其他被同样治理的国家，这些现象同样是互相联系的；不用做这一切，已经引述的证据就足够表明：一个国家商法的压迫性是随着该国的一般安排及政府的压迫性而变化的。

许多极受尊重的社会手段都起源于把一切因果关系归属于特别的行为者的原始的需要——无法摆脱来自某一个人的关于力量的观念。任何民族如果把自然现象的起源看做与个人有关而不是与个人无关，他们也将会相应地对民族生活中的现象作出相类似的解释；的确，由于精神上的关系不及物质上的关系那么明显，它们会被更加普遍地这样解释。那种认为国王可以确定货币的价值的古代的信念，以及在改变历法时发出的“把我们的 11 天给我们吧”的叫嚷，显然包含的意思是，人的心智不能想象社会事务要受看不见摸不着的力量的支配。有某些看不见然而却到处弥漫的力量在起作用，以对各方都有利的方式，决定公民们的买卖和来自外国的商人们的交易，是这类心智无法理解的一种观念，正如始终不变的自然界的因果关系是原始时代希腊人所无法理解的观念一样；反过来，正如希腊人能够理解大自然的运行是由若干主宰者掌握的，中世纪的人民也能够理解商品的适当生产与分配可以由议会法令及政府官员来确定。他们无法想象，贸易会受到自然界不可毁灭的力量的适当调节，但他们却能够想象，贸易是受存在于某些物质手段中的力量的适当调节的;这些手段是由穿着经过宫廷阿谀者们的涂饰、装饰有“五个字那么长的珠宝”的官服的立法者们拼凑出来的。

宗 教 机 构

一切国家教会基本上都是教皇式的。我们也有一个梵蒂冈——圣·司提反的梵蒂冈。诚然，我们的大司祭是复合的。诚然，对我们来说，三重的教皇权力是分成三部分的——一部分归君主，一部分归贵族，一部分归平民。但这一事实并不造成什么差别。在实质上，天主教就是绝无谬误的假定。这一假定是由一人作出的还是由一个多人的会议作出的，原则上并不重要。毫无疑问，那惊人的声明——“你们必须相信我们所说的是正确的，而不是你们所想的是正确的”，来自议会多数的嘴里，比来自一个单独的人的嘴里，不那么令人不快。但是还是会提出这个问题：这些人断言这一点所根据的是什么权威？

在国家支付工资的教士能够开始布道以前，必须首先决定他们要传布些*什么*。谁有发言权呢？很清楚，是国家。或者它自己必须制定一套教义，或者它必须委托一个人或一些人代理去这样做。它必须以某种方式把真理从谬误中筛选出来，并且不能逃避从事这件事应负的责任。如果它自己去选定应该传布的教义，它是要负责的。如果它采用一套现成的教义，它同样是要负责的。如果他请代表去选择它的教义，它仍然是要负责的；这一方面是因为它指派了替它进行选择的人，另一方面是因为它批准了他们的选择。因此，说一个政府应该建立并维持一项宗教教导制度，就是说它应当从人们信奉或曾经信奉的各种教义中，选出那些正确的东西；而且当它这样做的时候——当它在罗马天主教的、希腊教的、路德教的和英国国教的教义之间，或在高教会派的、广教会派的和低教会派的教义之间，作出了决定；当它决定了我们应当在婴儿时期还是在成年时期受洗礼，真理在三位一体论者还是在唯一神教论者那边，人们是靠信仰而得救还是靠工作而得救，异教徒下不下地狱，牧师布道应当穿黑衣还是白衣，坚振礼是否源出圣经，应该不应该过万圣节，以及（正如最近我们看到在辩论的）洗礼是不是使人获得新生——简言之，当它解决了所有那些把人类分裂成无数宗派的争议时，它应该断言它的判断是不能上诉的。绝无另外的选择。除非国家说出这话，否则它就是宣告它自己犯了最荒谬的前后矛盾罪。只有根据不会犯错误的假设，才能使它在教会方面的作为显得可以容忍；否则它怎么向持不同教义者征收地方税和什一税呢？“关于你的这些教义，你十分肯定吗？”持不同教义者问道。“不，”国家回答，“不十分肯定，但差不多是这样。”“那么也有可能你或许错了，不是吗？”“是的。”“而且也有可能我或许是对的，不是吗？”“是的。”“可是你却因为我不遵奉国教，用施加惩罚威胁我！你没收我的财产；如果我进行抵抗，你就监禁我；一切都是为了夺走我的财产以便宣扬你承认或许是假的教义，而且言外之意就是：贬损你承认或许是真的教义！”因此，很明显，如果国家要坚持，它唯一可以采取的立场就是它的判断**不可能**错误。现在请注意，如果它说这话，它就承诺了全部罗马天主教的戒律和理论。它必然会镇压所有敌对的教导者，认为他们僭取了它的职能，并阻止人接受它的不容置疑的教义；必然会使用为做到这点所需要的一切强制力量；因此必然会监禁，罚款，而且如有必要，则施加更严厉的刑罚，这样才可以消除错误而使真理获胜。如果不在人间惩罚少数几个人，却让许多人因信奉伪教而永恒地堕入地狱，它就明显地犯错误了。显然它必须做一切，要么就什么也不做。如果它不声称自己绝无谬误，它就不能够有正当理由建立国教；而如果由于建立了国教，它真地声称绝无谬误，它就应该强制一切人相信那个宗教。因此，正如我们说过的，所有的国家教会基本上都是教皇式的。

济　贫　法

被科贝特大众化了的观点——人人都有权利由土地获得生计——使采纳它的人们陷入了困境。如果要求对这个权利下一个明确的定义——问一问“什么是生计?”他们就哑口无言了。你说:“是土豆和盐,外加破烂的衣服和泥砌的茅舍吗?还是面包和咸肉,住在一幢有两间房的小屋里?星期天来一大块肉就足够了吗?还是要求每天都有肉和啤酒?是否还想有茶、咖啡和烟草?假若是这样,每样要多少盎司?光光的墙壁和砖地就是所需的一切吗?还是必须有地毯和墙纸?鞋是被认为不可缺少的吗?还是赞同苏格兰的习惯?衣服要麻纱布的吗?如果不然,绒面呢必须是什么质量的?——简言之,就是要指出这称为生计的东西究竟应该处于饥饿和奢侈两个极端之间的什么地方?”于是他们又哑口无言了。对这些问题没有一个可能的回答。他们可以提出许许多多的意见;但没有一个明确的一致的答案。有人认为能公平要求的一切只是勉强维持生存。另一个人则暗示不仅仅限于生活必需品。有些比较前后一致的人,把这学说推进到它的合理结果,他们只对财产共有制才感到满意。现在在这些矛盾的观念之中谁来作出决定呢?

可以用同样的态度对待劳动的权利——我们的济贫法原理的

法国译本。与前面相类似的批评将会使它的倡导者处于类似的左右为难的状况。但是还有另一种方法可以清楚地表明这一理论的谬误，无论是按它的英国形式还是它的欧洲大陆形式。

当手艺人宣称他有权利要求给他提供工作时，他预先假定某一权力机关的存在，提供这类工作的职责应转移到它的身上。这是什么权力机关呢？他说是政府。但政府并不是一个原始的权力机关，它是一个受委托的权力机关，除掉执行它的雇主的命令外，不能要它对任何事情负责。它的雇主是谁？是社会；因此，严格说起来，我们的手艺人所宣称的就是替他找工作是社会的职责。但是他自己就是社会的一个成员，因此在为每一个人找到工作的职责中，他也有一份。因此，如果我们把他的同胞们用字母来表示，他的理论就是A、B、C和国家的其余的人，必须为他找到工作；而他和B、C及其余的人一道，必须为A找到工作；他和A、C及其余的人一道，必须为B找到工作；以此类推，对组成社会的千百万人中的每一个人都如此！

持异议者反对国教的大部分意见可以同样有力地用来反对由国家兴办的慈善事业。他宣称向他征税来支持一套他不相信的教义是不公正的，难道另一个人不可以同样合理地抗议他被征税来维持一项他不赞同的救济制度吗？他否认任何主教或宗教会议有权利替他选择他应该接受哪一种教义，拒绝哪一种教义。为什么他不也否认任何救济委员会的委员或教区会议有权利替他选择谁值得接受他的施舍，谁不值得接受他的施舍呢？假如他以宗教在自愿支持下会更具普遍性并更加真诚作为理由，而不赞同国家教会；难道他不应同样以自发的慈善会产生更广泛、更好的结果作为理由，而不赞同一项济贫法吗？他所指出的使国家教导的教义失效的腐化现象，难道不能与国家为穷人提供救助的济贫制度所伴随的缺点相比拟吗？凡是相信灵魂方面的贫困只有靠国家教会才能补救的人，可以通过说明一些理由，而提议通过类似的手段来对付肉体上的贫困。但是主张自愿捐助维持制度的人必然在一个场合和在另一场合一样，坚持他的原则。

不幸者的痛苦是否因听从仁爱心的温柔耳语而有所减轻，或是否救助他们的动机是出于对法律严厉威胁的恐惧，这的确是一个极其重要的问题。在决定如何最好地去缓解贫困的时候，我们必须考虑的不仅是为受苦者做什么事，而且还有在那些做这事的人身上起的反应效果是什么。在施惠者与受惠者之间发生的关系，就目前世界的状况来说，是一种微妙的关系。伴随每一慷慨行为的感情都要在那个理想的人的组织结构上增添点什么。如同没有任何残酷的事能够做了而不将性格向野蛮的方面倒推一步，同样也没有任何仁慈的事能够做了而不将性格向完善的方面推进一步。因此，为同情心驱使所做的一切减轻困苦的行为将是有双重效果的；因为它们不但补救了要对付的特殊祸害，而且有助于把人类塑造成某种形式，使之将来有一天会杜绝这些祸害。

依照法律实施的救济计划是不大相同的另一回事。这些计划所产生的影响正好相反。诗人说，“慈悲（或怜悯）的性质不是勉强的。”可是济贫法却试图用强力使人们大发慈悲。“它像轻柔的雨水从天而降，”诗人接着说。而济贫法却是从不情愿的人那里勒索慈悲。“它赐福于给予者，也赐福于接受者，”诗人又说。而济贫法却使双方都感到痛苦:一方怀着不满和漠不关心,另一方怀着不平和经常反复的怨恨。

这种把香膏变成毒药的事一定连最不留心的人也注意到了。在宣布收税人的名字时,你注意看纳税人吧。你将观察到他的眼里没有想到要给予他快乐时那种闪光;他的嘴角没有像暂时忘却自私的忧虑时那样放松;他的声音没有像要诉说怜悯的感情时那样变得柔和;不,这些什么也没有,反之你却看到皱起的面容,阴云笼罩的额头,可能有的习惯的慈祥表情的突然消失。他亦惧亦恼地瞥了一眼税单,嘴里喃喃地抱怨上次缴税以来才过去这么短的时间。他慢吞吞地把钱包从口袋里掏出来;在受到勉强的礼貌对待的收税人走出去一小会儿后,才恢复了通常的平静。在这种情况下,有什么东西会使我们想起"双重赐福"的美德吗?再请注意,这由议会法令所规定的慈善怎样永恒地取代了人们较高尚的情感。这里是一位生活宽裕的可敬的公民,是一位有感情的人;如果需要,他是大方的;如果他的怜悯心被激发了,甚至是慷慨的。一个乞丐敲他的门,或者在他散步时一个疲惫不堪的流浪汉向他讨乞,他会怎么做呢?他会倾听,会询问,而且如果适当,会给予帮助吗?不,他通常会打断他的话说,"我没有什么东西给你,老弟,你必须到你的济贫区去。"然后他关上门,或继续向前走,视具体情况而定,带着明显的冷漠神情。这样,对存在一项救济贫困的法律规定的自觉意识,对于同情心的渴望却起了麻醉剂的作用。假如没有这现成的借口,他的行为很可能不同。很可能怜悯心会占优势,至少它会恳求调查一下情况;不是向济贫委员会提出申请——其结局是一点点钱从付款台上冷漠地递过去,被毫不感谢地接受——而是也许会开始一种对双方都有好处的关系：对一方，是慷慨大方使他变得更有人性；对另一方，由于几句安慰和鼓励的话，使援助具有双倍的价值，接下去，说不定由于一种帮助使他上升到自立的地位。

说真的，比起这种国家救济制度来，很难找到一种更有效的减少同情心的设计。委托代表去施仁慈！——还有什么事物比它更能摧残这种美好的天性呢？这里有一个机构，通过它，一位公民只要定期付几个先令就可以全部了结他应给予他较贫穷同胞们的仁慈。他感到良心上的刺痛吗？这里有一帖镇痛剂给他，只要从他的租金收入中每镑认捐若干他就可以拿到手。他对别人的福利漠不关心吗？啊，什么话！作为他按时纳税的回报，他将被免除硬心肠的谴责。请看，广告是这样写的："绅士们的捐助以最认真的方式、按最低的条件替他们办妥。慈善捐款由特许的机构发放，保证不弄脏手指，不刺激鼻子。根据合同保证优质服务。随时有肯定有效的补救办法来代替自我责备。按年付费使仁爱的感情保持轻松愉快。"

这样，我们让习惯上应该发生在富人与穷人之间的和善、温柔、高尚的往来，为一种冷冰冰、不愉快、无生气的机械装置所取代了，这机械装置是由写在干羊皮上的法令和规定拼凑而成的，是由救济委员会的委员、委员会、书记员和收税官作为任务执行其各自职能来操纵的，是用从各个阶级不加区别地强取来的钱维持运行的。我们用一件嘎吱作响、噪音刺耳的东西代替了由感情发出、与仁慈行为相一致的音乐；它只要动一动就不能不发出不和谐的声音；它的每一行动，从收集基金到最后分配，都充满牢骚、不满、愤怒;它引起关于权威的争吵、关于权利要求的争议、威吓、妒忌、诉讼、腐化、欺诈、说谎、忘恩负义;它是一件取代人们较高尚的感情,因而使它陷入沉睡,却刺激人们较卑劣的感情的东西。

现在请注意我们在这部摘要的其他地方所表述的真理,怎样找到了详细的例证:每当一个政府超越它的职责——维护人们的权利——时,它就不可避免地要延缓适应的过程。其工作被济贫法这样强行干预地承担了的机能是什么?是同情。它正是比其他一切机能更加需要运用的机能。是把社会性的人和野蛮人区别开来的机能。是产生公正的观念使人们关注彼此权利要求的机能。济贫法部分地取代了这个机能。当它们这样做的时候,它们就减少了人们对这一机能的需求,限制了它的运用,遏制了它的发展,因此延缓了适应的过程。

在整个自然界,我们可以看到有一条严格的戒律在起作用,这条戒律有一点残酷,可它也许是很仁慈的。在一切低级动物中保持的普遍战争状态使许多高尚的人大惑不解;归根到底,它们却是环境所允许的最慈悲的规定。当反刍动物因年龄而丧失了使其生存成为乐事的活力时,被一些食肉动物杀死,比起苟延因虚弱变得痛苦的残生而最终死于饥饿,其实要好得多。由于毁灭了所有这类动物,不仅使生存在成为累赘以前结束,而且为能够充分享受的年轻一代腾出了地方;此外,对于食肉动物来说,它们的幸福正源于这种替代行动。请进一步注意,食草动物的食肉敌人不但除掉了它们群中那些已过壮年的,而且也把多病、残废、最不善奔跑和最没有力量的都全部除掉了。由于这种净化过程的帮助,也由于在配偶季节如此普遍的争斗，阻止了因次劣个体繁殖引起的种族退化，并确保充分适应周围的环境，因而使最能产生幸福的素质得以保持。

较高级动物的发展是一种朝着成为能够享受不因这些障碍而减少的幸福的生物的进步过程。这一最高成就将在人类身上获得完成。文明就是它完成的最后阶段。理想的人就是要获得完成的全部条件都在他身上得到满足的人。而目前人类的福利及其达到这最后完美状态的发展，都要依靠一般有生命事物受其制约的这一有益而又严酷的戒律，才有保证。一个手艺笨拙的工匠，如果他作了一切努力也无上进，他就要挨饿，这似乎是严酷的。一个劳动者因疾病失去与他较强的伙伴竞争的能力，就必须忍受由此而带来的贫困，这似乎是严酷的。听任寡妇孤儿挣扎在死亡线上，这也似乎是严酷的。可是如果不是单独地来看，而是把它们与人类普遍的利益联系起来考虑，这些严酷的命中注定的事情，却可以看做充满利益的——正如使有病父母的子女早进坟墓，及挑选放纵或衰弱的人做瘟疫的牺牲者一样。

有许多心肠很好的人没有勇气不带偏见地正视这个问题。他们对现存苦难的同情使他们不能适当考虑最终的后果。他们所遵循的是一条不明智、而且其结局甚至是残酷的路线。我们不认为一位母亲用可能使人致病的糖果去满足她的小孩是真正的慈爱。我们认为，如果一个外科医生让他病人的疾病发展成致命的问题，而不愿让他蒙受手术的痛苦，那么这种善心是一种十分愚蠢的善心。同样，我们必须把那些为了防止现在的不幸，而给子孙后代带来更大不幸的人称为伪慈善家。那种必不可少的严酷，如果让它起作用，就会变成对懒汉的猛烈鞭策和对放纵者的有力约束，可是这些穷人的朋友们却只是因为这里或那里发出的哭泣声就要废止它。在事物的自然秩序下，社会在不断地排出它的不健康的、低能的、呆笨的、优柔寡断的、缺乏信心的成员，由于看不见这一事实，这些虽然好心好意但未加思考的人们，竟然倡导一种不仅会停止它的净化进程，而且甚至要加剧它的品质降低的干预——由于向他们提供源源不断的必需品，绝对地鼓励了轻率、无能的人的繁殖，而由于加重了维持家庭的困难，妨碍了有能力、有远见的人的繁殖。这样，当他们热切地想阻止我们周围发生的有益的苦难时，这些对叹息明白、对呻吟糊涂的人们给后代留下的是不断增加的灾祸。

再回到那个最重要的观点，我们发现还有另一个而且更为有害的方式，实施法律的慈善事业以这种方式遏制了适应的过程。要变得适合于社会性状态，人不仅必须失去他的野蛮性，而且必须获得文明生活所需要的能力。必须发展应用的能力，必须在智力方面进行这样的改变使之适合于它新的任务；而最重要的是，必须获得为将来大的满足牺牲眼前小的满足的能力。过渡的状态当然是一种不幸福的状态。素质与外界条件之间的不一致不可避免地要引起苦痛，人类在被迫去面对其新处境的冷酷无情的需要——在被塑造成得与这些需要相调和，并不得不尽可能忍受因此引起的不幸福。必须经历这一过程，必须忍受那些痛苦。没有任何地球上的力量，没有任何政治家巧妙设计的法律，没有任何好心肠人改造世界的计划，没有任何共产主义的灵丹妙药，没有任何人曾经讨论或将要讨论的改革，能把那些痛苦减少一丝一毫。它们可能，也的确在变得更加强烈；在阻止它们强化方面，慈善家们将能找到广阔的活动范围。但是和这种变化紧密相联的是正常数量的痛苦，它们不能够被减少而不改变生活法则本身。要缓解这痛苦的每一企图结果只是加重了痛苦。济贫法或任何类似制度所能做的一切是部分地中止过渡——从社会的某些成员身上暂时除去导致他们转变的痛苦的压力。至多只能推迟最终必须忍受的事。但还不止于此：它将取消原来已经做了的事。因为要改换正在对之适应的环境就不能不引起倒退；而因为整个过程总得在某一时间全部走过，退后的一段必须再走一遍，又得重新忍受伴随的痛苦。

乍一看，这些想法的结论似乎是反对对穷人的一切救济——自愿的和强迫的都一样；毫无疑问，它们的确含有谴责任何使接受者逃避我们社会生存中必做之事的私人慈善行为的意思。可是对这种谴责任何有理性的人都不会提出争论。那种对金钱的漫不经心，它助成了有组织乞讨制度的完善，它使巧妙的乞讨比普通的体力劳动更有利可图，它引诱人去假装生病和残废，它导致出卖和出租骗子服装的大型零售商店的出现，它给了令人怜悯的婴儿每天 9 便士的市场价格：产生这一切的轻率的仁慈只能受到所有人的指责。这里所反对的只是上面列举的不明智的慈善行为，至于那种可以形容为帮助人们自助的慈善行为，非但不表示反对，反而给予鼓励。而且在帮助人们自助方面，还留有充分的余地去发挥人的同情心。意外事件仍然会造成受害者，对他们可以合理地给予慷慨援助。被不曾预见到的事件抛出常轨的人们，因为缺乏他们无法接触的智识而失败的人们，被他人的不诚实毁掉的人们，以及因希望长期得不到满足而心灰意冷的人们，都可以在有利于各方的情况下得到帮助。甚至挥霍浪费的人，在极度的艰难困苦把他必须服从的社会生活的无法改变的条件铭刻在他记忆中之后，也可以适当地给他再试一次的机会。虽然由于这些改善的措施，适应的过程必然要稍稍受到一些妨碍，但在大多数情况下，它在一个方面所受到的阻碍不会像它在另一个方面所受的推动那么大。

我们发现，即使假定它的确在做着它企图要做的事——减少眼前的痛苦——济贫法也是应该反对的，那么，当发现它实际上并不是在做这类的事——不能做任何这类事情时，我们又将怎样看待它呢？然而，尽管这种想法看起来是荒谬的，它却绝对是事实。只要观察者不再这么固定不动地注视现象的一面——贫穷及其救济，而开始考查它的另一面——济贫税及其**最终**的贡献者，他就会发现，设想可以由议会法令的恩赐减少困苦的总量是一种幻想。

这里——在任何特定时期——是掌握在中上阶级手里，或由他们支配的某一特定数量的食品及可用来交换食品的东西。这些食品中有一部分是这些阶级本身需要的，而且不论在食品稀少或丰富时，他们都要按同一比率，或接近这比率来加以消耗。因此，在食品或其等价物的总量方面发生的任何变化，必然要影响不是这些阶级用来维持其本身生活的那剩余的部分。这剩余部分是由他们付给人民作为他们劳动的报酬的，这些劳动部分用来生产更多的必需品，部分用来生产奢侈品，因此这剩余部分的食品短缺多少，人民就短缺多少。立法机关或其他机构的重新分配并不能把原先的食品短缺变成食品充足。它能做的只是改变感受到不足的当事人。如果它把足够的食品给予否则就不够的一些人，它就不可避免地要把另一些人降到不足够的状况。

假如有任何人不满意这种抽象的推理，那么这一案例的具体说明也许会排除他们的怀疑。一个济贫税收税官从公民手里拿去相当于一个或更多个贫民的面包和衣服的一笔钱。假如这笔钱没有这样被拿走，它就或者会被用来买了非必需品——现在这位公民就只好没有它们了——或者被他存进一家银行，而由银行家把它借给工厂主、商人或零售商；就是说，它最终会以工资形式或者付给非必需品的生产者，或者从银行贷款内付给一个工人。但是这笔钱已经被作为济贫税拿走了，原来会作为工资收到它的人现在就必须少拿那么多工资了。它所代表的被拿去维持一个贫民生活的食品，是原来会给一个工匠作为他所做工作报酬的食品，于是那工匠就得缺少那么多食品了。这样，如最初所说，这笔交易仅仅只改变了感受到食品不足的当事人而已。

不，情况还要更糟。前面已经指出，由于中断适应的过程，济贫法增加了在将来有一天要忍受的困苦；而在这里，我们将发现它也增加我们现在要忍受的困苦。因为应该记住，任何一年拿去维持贫民的款项，一大部分不然就会用来维持被雇从事新的再生产职业——土地排水、机器制造等等——的劳动者，于是新的商品存货不久就会生产出来，感到短缺者的数目就会减少了。因此，对于尽管拥有捐赠基金的慈善事业、慈善团体和济贫法联合会每年分发1，500万英镑，现在却还有那么多贫困现象，有些人表示惊异，其实是没有理由的，因为无偿提供的款项愈大，苦难也会很快变得愈厉害。很明显,在某一特定人口中,依靠别人恩赐生活的人数目愈大,依靠劳动生活的人数目必然愈小;依靠劳动生活的人数目愈小,食品和其他必需品的生产必然愈少;而食品和其他必需品的生产愈少,困苦必然愈大。

国 民 教 育

我们关于国家职责的定义禁止国家管理宗教或慈善事业，因此它也同样禁止国家管理教育。因为政府拿走一个人的财产超过为维护他的权利所必需，就是侵害他的权利，因而是颠倒了政府对他担负的职责；又因为拿走他的财产去教育他自己的或别人的孩子并非为维护他的权利所必需，为这种目的拿走他的财产就是错误的。

假如说牵涉到儿童的权利，为维护他们的权利，国家干预是必需的，那么回答是，在儿童的权利受到侵犯以前不能表明进行干预的任何理由，而儿童的权利并不因疏忽对他们的教育就受到侵犯。因为，正如我们一再说明的，我们称为权利的仅仅是运用各项机能这总的自由的任意再划分；只有真正减少了这一自由——剥夺了原先存在的追求愿望目标的能力——才能称为对权利的侵害。现在，父母不关心儿童的教育并没有这样做。运用各项机能的自由完整无缺。忽略教育绝不会减少一个儿童尽可能按照最好的方式去做他愿意做的任何事情的自由，而这种自由就是公平所要求的一切。要记住：每一种侵害——每一种对权利的违犯——必然是**主动的**；而每一种疏忽、不关心、忽略，同样必然是**被动的**。因此，尽管不履行一项家长的职责可能是十分错误的，但这并不等于破坏同等自由的法则，所以不能由国家受理审判。

对于经常宣称的掌握在国家手里的教育的权利，假如没有什么直接的反证，那么它使宣称者陷入各种谬误的情况就足以显示它是无效的。姑且承认政府负有义务去教育一个人的孩子，那么根据一种什么样逻辑能够证明它没有义务去负担他们的衣食呢？如果有一条关于他们心灵发展的议会法令的规定，那么为什么不应有一条关于他们身体发展的议会法令的规定呢？确立对知识食粮的权利所持的论据应该同样可以确立对物质食粮的权利——不，还不止于此：它将证明儿童应该完全由政府照顾。因为如果教育的利益、重要性或必要性被认定为政府应该进行教育的充分理由，那么食、衣、住和保暖的利益、重要性或必要性可以认定为政府同样应该对这些事务进行管理的充分理由。这样，不取消父母的一切责任，就无法确立那种宣称的权利。

假如还需要进一步的辩驳，那就有对定义的严格考验。不久前我们发现这项考验对于假定的抚养权利是致命性的；我们将发现对于这假定的教育权利它也同样是致命性的。因为什么是教育？在初等小学的教学和最具综合性的大学课程之间，可以在哪里画一条线，把国家可以正当提出要求的智力培育的那一部分，和它不能这样提出要求的那一部分区分开来呢？在读、写和算术方面，有什么特殊的性质使得未成年的公民有权要求把它们传教给他，而这性质却不是地理、历史、图画和自然科学所共有的呢？必须教计算是因为它有用吗？可是，正如木匠和泥瓦匠会告诉我们的，几何不也是如此吗？正如我们可以从染色、漂白工人那里听到的，化学不也是如此吗？我们可以用来确定不同种类知识各自价值的衡量单位在哪里？或者说，假如它们的价值已被确定，怎么能够表明一个儿童可以向民事权力机构要求具有这样那样价值的知识，而不是某些具有较小价值的知识呢？

假如倡导教育立法的这些人能够证实他们的学说，他们将会把自己诱入一个陷阱之中。因为说政府应教育人民是什么意思呢？他们为什么应该受教育？教育是为了什么？很清楚，是为了使人们适应社会生活——使他们成为好公民。那么谁来说什么样的人是好公民呢？政府：没有其他裁判。谁来说怎样可以造成这些好公民呢？政府：没有其他裁判。因此这个主张可以转变为这样：政府应该把儿童塑造成好公民，按照它自己的判断去决定什么是好公民以及怎样可以把一个儿童塑造成好公民。它必须首先为自己形成一个标准公民的明确概念；在这样做了之后，它必须制定一项训练制度，一项看起来是根据标准产生公民的最适当的制度。这一训练制度是它必须尽全力去实施的。因为如果它不这样做，它就会让人们变成不同于按它的判断应变成的那样，因而就没有履行托付它去完成的职责。如果这样证明了它有正当理由去严格执行它认为最好的那类计划，那么每个政府就应该做欧洲大陆和中国的专制政府所做的事情。法国的那项规定——根据这项规定，“私立学校必须从部长那里取得许可证才能成立，并可以因为一道简单的部长命令而被关闭”——是向正确方向迈出了一步，但还走得不够远；因为如果国家允许别人执行它的使命，就不能不危及使命的正当履行。禁止一切无论什么样的私立学校，如同普鲁士直到最近还在实行的，更加接近标准。奥地利的立法也相当前后一贯地实行了国家教育的理论。根据该立法，由国家对国民的智力培育实行相当严格的控制。由于过多的思考被认为与良好的公民身份有矛盾，形而上学、政治经济学以及这一类的课程的教学受到阻碍。有些科学著作被禁止。悬赏捉拿传播圣经的人——当局在履行他们的职责时宁可把解释这部书的权利委托给他们雇用的耶稣会会士。但是只有在中国，这种思想才得到合乎逻辑的充分贯彻。在中国，政府公布一份可以阅读的书单；而且，认为服从是至高无上的美德，只批准出版那类对专制君主统治持友好态度的书。由于害怕革新会带来不安定的效果，政府不允许教授任何不来自它本身的东西。为了达到产生标准公民的目的，政府对一切行为都行使严厉的纪律。"坐、立、行、谈话、鞠躬"，都有极其精确的"规则"。"读书人被禁止弈棋、踢足球、放风筝、踢毽子、演奏管乐器、训练兽鸟鱼虫——所有这些娱乐，据说都浪费脑力，败坏人心。"

啊，像这样扩展到每一行动、绝不容许反对的一套详细的命令，正是这种国家教育理论的合理的实现。政府关于公民应该是怎样的观念是否错误，它采用的训练方法是否明智，都不是问题。根据假设，它被委托去执行一项特定的职务，它找不到做这事的现成规定的方法，因此它没有别的选择，只有挑选它觉得最合适的方法。而且，因为不存在任何更高的权威去争议或去认可它的判断，它就有正当理由去完全实施它的计划，不论它们是什么样的。正如由政府应对宗教进行教导的主张产生另一项主张，即政府必须决定什么是宗教的真理，以及应该如何传授它；同样，由政府应进行教育的主张，必然产生进一步的主张，即它必须说明什么是教育，以及应该如何进行教育。同一严格的教皇制度，在一个场合我们发现它是逻辑的结果，在另一场合它也必然会出现。

很少有比这更加老生常谈的话：对子女的爱是我们最强有力的激情之一。做父母几乎是一种普遍的愿望。在闪闪发光的眼睛、温情的吻和亲热的抚爱中，在母亲从不厌倦的耐心和无时不有的担忧中所表现的强烈爱情，是一切时代哲学家写作和诗人歌唱的主题。人人都注意到这感情压倒一切其他感情是多么平常的事。请看看母亲在目击她第一个孩子无可比拟的成就时所表现的自我满足吧。请注意每个娃娃的行动都被当作显示出一种早熟的天才，被母亲怀着骄傲向每一位客人展示吧。再想想在随后的日子里，父亲对他的孩子的心智的健康怀有多么深厚的兴趣，对他们在生活中的上进表现出多么巨大的热望吧。他的自然感情的激励作用，往往由于想到自己老年时的舒适生活说不定要依靠他们的成功而变得更加强烈。

现在"自然本性的仆从和解释者们"通常设想这些感情有一些用处。迄今他们一直认为一位母亲由她的小娃娃们的进步而感到的满足可以激励她去教育子女；父亲期望从他的儿子们的荣誉中获得的荣誉可以鼓励他去督促他们进步；而父母对于未受良好训练的孩子们有一天会遇到困难的预期将更有力地推动他们去管好孩子。可是照国家教育主义者看来，他们是错了。为了做必要的工作，这感情的装备似乎并不够，所以，在缺乏自然的设备以供应这一迫切需要的情况下，立法者们就向我们展示出一种国家机器的设计和详细说明，这国家机器由教师、门房、督察员和理事会组成，用适当比例的税收来使它运转，并得到大量提供的小男孩和小女孩作为原料，用他们加工出一批经过良好训练的男人和女人。

但是有人辩称，父母们，特别是其子女最需要受教育的那些父母们，不知道什么是良好的教育。“在教育问题上，”穆勒先生说，“政府的干预是有道理的；因为在这方面，消费者的兴趣和判断不足以保证商品的优质”。

很奇怪，一位这样有见识的作家竟会满足于这种陈腐的藉口。这种宣称人民缺乏能力的说法曾被用来作为一切无论什么样的政府进行干预的理由。正是藉口买主不能辨别织物的好坏，才定下了那些妨害法国制造商的复杂规定。在英国这里，某些染料的使用曾被禁止，因为人民没有足够的辨认力。发布正确制作大头针的指示所根据的想法是：经验不会教给购货人哪一种大头针最好。德国手工业者所接受的那些关于他们能力的考查被认为是保护消费者所必需的。几乎没有任何一个生活部门不曾或不会以同样的理由建立立法监督。这里有位 H. 霍德森·拉格先生——皇家外科医师学会会员——出版了一本小册子，指出可怜无知的住户因牛奶掺水受到的损害，并建议作为补救办法，应有政府官员对牛奶进行测试，牛奶不好就加以没收充公；应由警察检查牛棚的通风情况，并命令把病牛送走；以及开设配备有兽医外科医生的政府奶牛医院。明天另外有些人也许会突然跳起来告诉我们，坏面包比坏牛奶更加有害，同样很常见，完全一样难于辨别，因此面包房也应该由当局来监督。接下去将需要官员手拿比重计和化学试剂在葡萄酒酿酒商的大桶里摆弄。在这些人之后，当然还必须跟上别的人，委派去监视卖酒商人的行为。以此类推，直到按照让所有的生产过程都受到适当检查的愿望，我们接近于有些像奴隶制国家的情况时为止，在那些国家里，如他们所说，“社会上的一半人在忙着监督另一半人尽到他们的职责。”而对于每一项额外的干预，其藉口可以像过去一直说的那样，是“消费者的兴趣和判断不足以保证商品的优质”。

假如说，立法的管理是否适当要看情况；对于某一些物品消费者的判断是足够的，而对于另一些物品它就不够了；由于判断质量好坏的困难，教育属于后一类物品；回答则又是：这同样的话为了一切干预曾被反反复复说过。每一项求助于官方管理的建议的倡导者，都列举了大量的欺骗手段、大量的觉察欺诈行为的困难、大量的表明购买者不能保护自己的例子；在每一场合人们都极力强调在这里无论如何官方管理是需要的。然而经验一一反驳了这些论断，并教导我们，归根结底，消费者的兴趣不仅是消费品优质的有效保证，而且也是最好的保证。那么第一百次去相信这些貌似有理实则骗人的结论，岂非不明智吗？无论在表面上如何不同，教育这个商品的选择，和所有其他商品的选择一样，可以放心地让买主自己去判断。这样的推论难道不是明智的吗？

如果看到人民终究并非如他们表面上那样对教育的判断这么无能，这推论就显得更加合理了。无知的父母一般很快就能辨别好、坏教学的效果：他会在别人的孩子身上注意到那些效果，并采取相应的行动。此外，他们很容易追随受到较好教育者的例子，也选择相同的学校。或者通过请教他人，他们也可以克服这些困难；

一般说来，总会有人既能够而又愿意就有关教师的询问，给未受过教育的父母以可靠的答复。最后，还有价格的检验。对于教育，和对于其他事物一样，价格是相当可靠的价值指标；它是向各个阶级开放的；在关于学校的问题上，它是穷人们本能地要求助的，因为众所周知，他们对很廉价的或免费的教育总是很冷淡的。

可是即使承认，虽然这种判断上的缺陷实际上不像断言的那么大，它却的确存在，仍然应该否认干预的必要性。这种弊病正在被改正，正如一切类似的弊病都正在或已经被改正一样。正在成长的一代比他们父母更好地了解什么是良好的教育，而他们的后裔对此还将有更清楚的概念。那些认为过程的缓慢就是进行干预的充分理由的人，为了前后一致，也必须干预一切其他的事务，因为在所有场合，被用来作为国家干涉藉口的无知，都只能十分缓慢地消除。消费者和生产者双方的错误往往都要经过几代人才能被纠正。在商业经营，在制造业，尤其在农业方面，改进几乎是在不知不觉中传布开来的。可以举农作物的轮种作为一个例子。假如迟缓在一个场合是进行干预的有效论据，为什么在其他场合就不是呢？鉴于让农民采纳根据现代科学提出的计划一般要用一个世纪之久，为什么农场不由政府来监督呢？

在教育问题上，当“消费者的兴趣和判断”被说成不是“对商品的优质的充分保证”时；当辩称因此必需政府的监督时；人们做了一个十分有问题的假定：即假定政府的“兴趣和判断”是充分的保证。现在有充分的理由对此表示异议；不仅如此，即使肯定那种说法，如果考虑到将来，它们提供的保证也就少得多了。

问题是如何最好地去发展智力,这是最困难的问题之一——我们可不可以说它就是最困难的问题呢?要解决这个问题有两件事是必需的。首先,知道要形成什么样的智力。其次,知道如何去形成它们。我们现在从要做的工作转到被推荐做这项工作的人。他们无疑是受过教育(按这个词的通常意义)的人,他们当中有许多人是有良好意图的,有些人是对人关心体贴的,有几个人是具有哲学思想的:可是这些人大部分出生在富贵之家,倾向于按照富贵家庭的观点看待人间的事务——多少有些歪曲地。他们中大多数过着十分舒适的生活,因此"事情的现状"是他们赞同的。就他们的爱好来说,他们表现出把国家事务放在次于猎松鸡追狐狸的地位;就他们的骄傲来说,引为骄傲的是广阔的地产或长长的家系;假如家族徽章上刻有"勤奋工作",或"扩大财产,广收奴隶"这一类古代格言,那就是一件非常令人高兴的事。至于他们的社会理想呢,要么是多愁善感的封建主义;要么是这样一个国家:在它的统治下人民"在所有地位较高的人面前表现得谦卑、恭敬",并"在上帝为他们安排的生活状况中尽他们的职责";要么是这样一个国家:一切安排都为了把每个劳动者变成最有效率的生产工具,以期达到最大限度积累财富的目的。除此之外,他们关于道德训练的观念表现在把子女送到实行体罚及老生使唤新生的学校,他们自己就是在那种学校培养出来的。现在请问:这种人关于教育这一商品的"判断"是可以信赖的吗?肯定不是。

因此,即使在教育问题上"消费者的兴趣和判断不是对商品的优质的充分保证"这句话是正确的,用政府的"兴趣和判断"去代替它们,其明智性也绝不是明显的。的确,可以说这一论据仅只证明现在的政府不适合变成人民的教师，而并不证明任何正常组织起来的政府都不适合；既然进行调查的目的是要确定政府应该做什么，则必须假设政府是它应该是的那样。对这种说法的回答是：要加以反驳的这一主张的性质，使得降低到目前环境的水平成为必需。立法监督的藉口正是根据按照其现状人民的“兴趣和判断”有缺点这点，因此，在批判这藉口时，我们也必须就按照其现状的政府而言。我们不能把政府当作好像是它应该是的那样来进行推理；因为在它能变成那种政府以前，任何所谓的人民在“兴趣和判断”方面的缺点必然已经消失。

建立一个全国性组织来培育人民的智力，并委托政府监督这个组织，是失策的，这可以进一步由这类组织在精神上都属于保守而非进步的这一普遍真理看出来。一切社会公共机构都具有自我保存的本能，这产生于和它们有联系的那些人的自私。它们总是植根于过去和现在，而绝非将来。改变会威胁它们，修改它们，最终毁灭它们。因此它们一律反对改变。而另一方面，教育——有理由这样称呼的——却是与改变紧密联系的，总是在使人们适应于更高级的事物，而不适应于事物的现状。因此，在其生存依赖于人类保持现状的公共机构与作为使人类成为不同于现状的事物的手段之一的真正的教育之间，必然始终存在敌意。

从埃及的祭司开始，团体的行为，无论是政治的，宗教的，还是教育的，都为这一点提供了证据。大约公元前300年，没有执照的学校是被雅典元老院禁止的。在罗马，在公元前，教学自由曾经两次受到攻击；以后又受到朱利安皇帝的攻击。从现在欧洲大陆各国政府的类似的政策，可以看出这种倾向是多么顽固。在检查制度的普遍性方面，我们又看到这同一事实的进一步例证。叶卡捷琳娜女皇对她的首相的著名谈话，很清楚地显示了统治者对知识的传播是如何看待的。凡是政府把教育担负起来时，其目的都是为了防止威胁他们至上权威的自发教育。请看看中国的事例吧，在中国，煞费苦心地让人们铭记的观念，诸如“啊！政府的事务多么宏伟！”“啊！政府的官员应该受到什么样的尊敬！”之类，就足够表明这种意图。再看看奥地利的事例吧，在该国，根据弗兰西斯皇帝的意愿，对人民心智的训练是托付给耶稣会会士的，以便他们可以“用对迷信的宣传去抵制对自由的宣传”。在英国这里，也不缺乏同样精神的迹象。在科贝特的时代，用制止周刊售价低于 6 便士的法令来取缔廉价文学的企图，就丝毫无误地表明了这一点。当反对已经变得毫无用处时，还不愿削减报纸的印花税，又显示了这一点。在立法机关的两面派手法中也仍然可以看到这一点：它公开宣称赞同大众启蒙运动，却继续通过“知识税”每年集款 125 万镑。

人人都知道一切宗教团体对教育的发展多么不友好。婆罗门在反对现代科学真理时所表现的顽固；伊斯兰学者忽视可兰经之外一切书籍的盲目性；我们自己国家的宗教机构所培养的连哲学这一名称都要反对的偏见；这些都是自我保存的本能所产生的行为的相类似的例证。僧侣们所说的“我们必须消灭印刷术，否则印刷术就要消灭我们”这句箴言，清楚地表达了那带有普遍性的动机；它也通过那位法国主教之口表达出来，他斥责贝尔和兰开斯特系统是魔鬼的发明。也不要让任何人得出结论，认为教会牧师近来对教育显示的热情表明一种新的倾向。谁要是记得主日学校最初受到他们攻击的酷烈程度，谁要是注意到他们现在如何激烈地与持异议者争取穷人的孩子，就能十分清楚地看出，他们正竭力充分利用必然要发生的事情——他们多多少少明白地意识到教育的进步是不可避免的，他们想要教育人民皈依教会。

考虑到正是那些被设计出来传播知识的组织本身起着压制者的作用，这种阻碍的倾向就变得更加明显了。例如，据说牛津是牛顿的哲学最后得到承认的处所之一。我们又在洛克的传记里读到，“在牛津举行了一次学院院长的会议，会上有人提议谴责并阻止阅读这篇文章(《人类理解论》)；在经过几次辩论以后，作出了结论，每一学院院长，不公开进行谴责，要努力阻止该文在他自己的学院内被阅读。”还有，在伊顿，在雪莱的时代，“化学是一件被禁止的事物”，甚至化学论文都被排斥。这些接受资助的机构就这样一律习惯于对革新关上大门，如果有人要去寻求教学艺术的改进，或教学题材的更佳选择，这些机构则是最后的处所。各大学对实际科学的态度是表示轻蔑的拒不承认，大学当局长期以来一直积极或消极地拒绝把生理学、化学、地质学等列为考试科目；直到最近，在外界压力之下，并害怕被敌对的机构所取代，新的学科才少量地勉强被接受。

现在，虽然惰性处在其地位上可能是很有用的——虽然官员们的抵制也有它的作用——虽然我们一定不要对这种给予机构活力的自我保存本能进行争论，因为它也支持了它们度过长期的衰老；可是我们可以明智地拒绝扩大它的自然效果。在我们的社会经济中必须有一种保守的力量，也必须有一种改良的力量，才会有作为结果的进步；但是向一者提供压倒另一者的人为优势是失策的。建立国家教育可正是这样做的。教学组织本身和领导它们的政府必然倾向于保持事物的现状;让它们去控制国民的心灵,就是给它们手段,去压制人们追求事物应有状态的强烈愿望。

读者曾经细心观察过一个孩子第一次产生对园艺的热情吗?那情景很有趣,而且不是没有教益的。可能是一小块边角地——大约二三平方码左右——划出来归他专用。他表现出不小的尊严感和不小的对所有权的骄傲。只要他的热情存在,他就会乐此不疲地注视着他的土地;每一个同伴,每一个客人,凡他跟他们不那么拘束的,都相当肯定地会受到请求:“来看看我的园地吧。”可是主要请注意他带着怎样焦急的心情看待那几棵矮小植物的生长。这孩子每天要冲出去三四次去看它们。他觉得它们长得是多么气人地慢啊!每天早晨他一起床就希望发现一些显著的变化;可是,看,一切显得和前一天完全一样。花儿几时才会开出来呢!几乎一个星期了,一个早熟的花蕾一直在向他预告第一朵花的绽放,可是它仍然没有开。肯定出了什么岔子吧!也许叶子黏在一起了。啊!就是那缘故,毫无疑义。这样十之八九你有一天会发现我们年轻的花匠正在撕开花萼,也许想要打开几片花瓣呢。

不少国家教育主义者所表现的感情和这孩子气的缺乏耐心有些相似。他们和他们这一类型的人都显得对自然的力量缺乏信心——几乎不知道有这种力量存在。都对正常的进步速度感到不满。都使用人为方法去补救他们所认为的自然的失败。最近这几年人们认识到教导人民的重要性。不久前他们还对之漠不关心甚至敌视的东西,突然变成了热情的目标。怀着新近皈依者的全部热情——怀着一个新信徒的全部不平常的期望——怀着对最近刚唤起的欲望的全部迫切心情，他们等待着所希望的结果；而且因为从一般的无知到普遍的文化修养没有在一代人的时间内完成而感到不满。我们原以为每一个人都很清楚，在我们这个世界上重大的变化总是缓慢进行的。欧洲大陆按每世纪一二英尺的速度上升。一个三角洲的沉积是若干万年的工作。不毛的岩石变成能维持生命的土壤要经过数不清的年代。假如有人以为社会的发展遵循的是不同的规律，那就让他们去读读书吧。在欧洲废除奴隶制度和农奴制度不是需要将近整个基督纪元吗？在从图画记事法发展到印刷术的这段时间内，难道不是生生死死了100代人吗？科学、商业和机械技术不也是按类似的迟缓步伐增长的吗？可是却有人由于少得可怜的50年时间未足以使人民大众受到教化而感到失望！尽管在这个时期内，取得的进步已远远超过冷静的思想家曾经期望的——远远超过过去人类事务进步的速度所预示的；可是这些不耐烦的人们却谴责自愿制度是失败了！国民心智已经开始的一种自然的过程——一种自我发展的过程被嗤之以鼻，因为它没有在仅构成人类的生命中一天的时间内作出转变！于是，为弥补大自然的无能，必须由议会插手来加快发展！

的确，用人为手段来发展教育的企图有一个藉口，即要减少试图犯罪的心理：教育被认为是一种预防犯罪的良药。“我们认为，”麦考利先生说，“凡是有权利绞死人的人都有权利教育人。”①在有

① 引自一篇在爱丁堡的演说。

关曼彻斯特地区制度的一封信中，马蒂诺小姐写道：“我也看不出政治经济学会反对为教育目的征收的一般税收。仅仅作为一项警察税，这项税收也是很便宜的。比起我们现在为少年的堕落所支付的钱来，花费要少得多。”

噢，这些假定的真实性是可争论的。我们没有证据说教育，按照通常所理解的，是预防犯罪的良药。在经常重复的报章段落中得意洋洋地叙述的受过教育和未受过教育罪犯的比例，其实什么也没有证明。在可以作出任何推论以前，必须证明这些受过教育和未受过教育的罪犯来自社会两个相等的部分，除知识而外在一切其他方面都一样——在等级和职业方面相似，具有相似的优势，在相似的诱惑下作案。但是这不仅不是真实情况，而且一点也不像真实情况。许多无知识的罪犯属于境况最不利的阶级，而少数几个受过教育的罪犯却来自境况较为有利的阶级。根据事情的状况，推论犯罪的发生是由于居住在通风很差的房间里，或由于穿肮脏的衬衣，同样是合乎逻辑的；因为如果对一所牢房里的囚犯进行盘问，将会发现他们大部分处于这些条件之下。无知与犯罪并非因果关系，它们是同一原因的相伴随的结果。完全未受教育者可能曾经活动在做坏事的动机最强烈的那些人之中；部分受过教育者可能曾经是受到较少紧迫诱惑的某阶级的一员；受过良好教育者可能曾经生活在通常犯罪的动机几乎达不到的境况中。因此（至少在上面论及的统计中），无知仅表明存在产生犯罪的影响，不能把它称作犯罪的原因，正如不能把晴雨计的下降称作下雨的原因一样。

的确，非但不能证明道德因教育而增加，假如事实能证明什么的话，它们所证明的反而正好相反。例如，彭顿维尔监狱首席牧师约瑟夫·金斯米尔大人的一篇报告告诉我们，受过教育与未受过教育罪犯的比例和总人口中受过教育与未受过教育的阶级之间的比例完全一样高；虽然，如刚刚解释的，我们可以合理地期待，由于受到较少的诱惑，受过教育的罪犯对其阶级的比率要小一些。再者从政府的统计报表中可以看出："在首都，少年罪犯的数目，自从贫民学校联合会成立以来，每年在稳定地增加；而反过来，不会读写的罪犯的数目却由24,856（1844年）减少到22,968（1848年）——或者说，在这期间减少了至少1,888——与此同时，那些具有不完全的读写能力的罪犯的数目却由33,337增加到36,229——或者说增加了2,892。"——1850年4月25日《晨报》。论"劳工与贫民"的系列文章——上面一段叙述就引自它——的另一撰稿人说："从事矿业劳动的人口（在北方）在教育和智力方面都非常低；可是他们却否定了一般人所持有的那种关于无知与犯罪相联系的理论，因为他们是英国人口中犯罪最少的部分。"——1849年12月27日《晨报》。谈到在整个南威尔士的炼铁厂和煤矿中受雇的妇女，他说："她们的无知是非常可怕的，可是政府的统计报表却表明，她们具有一种奇特的犯罪免疫力。"——1850年3月21日《晨报》。

如果认为这些证据尚嫌不足，可以用弗莱彻先生的话来加强它们的力量，他也许比任何当代作家都更详尽地探讨了这个问题。他把他的调查结果加以概括后指出：

"1. 把刑事犯罪的总数和每一地区的教育程度相比较，我们发现，在工业萧条最严重的年代（1842—1843—1844）这种比较对教育程度最高的地区稍稍有利，但在工业萧条不那么严重的年代(1845—1846—1847)对它们却很不利；而在比较每一地区内受教育较多和受教育较少的部分时，最后结果在两个时期都对前者不利，不过在后一时期的不利程度四倍于前一时期。

“2. 为与在某些较轻的年龄段犯罪人数过多这种情况相符合，而对不同地区人口年龄方面所作的校正，不会改变这种对教育不利的表面证据的性质；在得出这些结果时，已经给予这类情况一切合理的考虑。

“3. 因此，直到现时期，这个国家的犯罪和教育统计报表的比较，和欧洲任何别的国家一样，没有提供任何可靠的统计方面的证据来支持或稍稍反对与教育相关联的实际上在人们中间散播的道德的影响力。”①

事实是，在道德和日常教学训练之间几乎不存在任何联系。仅仅智力的培育(通常进行的教育几乎不会有更多的效果)对于行为差不多根本不起作用。牢记在心的信条，死记硬背的良好原则，关于正确与错误的告诫，并不会根除邪恶的习性；尽管人们不顾他们作为父母和公民的经验，还在坚持希望它们会做到这点。智力不是一种力量而是一种工具——不是本身采取行动和从事工作的事物，而是受它背后的力量的驱使去行动和工作的事物。说人们是由理智统治的正和说人们是由他们的眼睛统治的一样不合理。理智是一只眼睛——欲望通过它看到它们如何得到满足的眼睛。

① 《英格兰与威尔士道德统计概要》，1849。作者是约瑟夫·弗莱彻先生，律师，女皇陛下的学校督察官之一。

教育它只能使它成为更好的眼睛——给予它更准确更宽广的视力——根本不改变它为之服务的那些欲望。无论你使它能看得多远,激情还是要决定它转向哪个方向——落在什么目标上。智力被用来完成的正是本能或情感提出的目标:培育它所做到的只是增加完成这些目标的能力。也许有人要辩论说,教育会使人们认识到做坏事自然要招致惩罚;在某种意义上这是真实的。但这只是表面上的真实。虽然他们可能会明白较显著的犯罪通常要带来一种形式或另一种形式应得的惩罚,他们却不会明白较巧妙的犯罪也会如此。他们的犯罪行为只会变得更加狡猾。如果像科尔里奇说的那样,"一个恶棍是一个善于拐弯抹角的傻子",那么,通过教育恶棍,你所做到的只是使他的弯子绕得更大些。假如渊博的知识和洞察一切的才智足以使人们变得善良,那么培根就应该是诚实的,而拿破仑就应该是正直的了。只要性格是有缺陷的,则智力无论多么高,也不能正确地发挥作用,因为占支配地位的欲望将歪曲它的判断。不但如此,当强烈的激情在起作用时,甚至对不幸后果的清晰的预见也不能遏制它。不然的话,虽然人们明知醉酒必然使他们遭受痛苦和耻辱,甚至(对于贫穷的人)要挨饿,他们还是要喝醉,这种事怎么会发生呢?不然的话,医科学生明明比其他年轻人更了解放荡的生活要带来疾病,怎么还会和他们一样无所顾忌,甚至更加无所顾忌呢?不然的话,曾经在监牢里的踏车上被惩罚过十多次的伦敦小偷,怎么一旦获释立刻又要去偷窃呢?

尽管在街上,在办公室里,在家庭里,日常生活中的事实就摆在他们面前,好思考的人们仍然会期待靠教育去消除犯罪,这实在是令人奇怪的。如果曾被人们以某种迷信的敬意看待的教师大军，在过去的这整整18个世纪里都未能使社会净化，大概很难说另一些没有被这样看待的教师大军能够做到这一点。如果自然的劝说，得到超自然权威的支持，不能劝导人们去做要求他们去做的事情，那么单单是自然的劝说大概也很难说会劝导他们去做这些事。如果对永恒幸福的希望和对永恒诅咒的恐惧都未使人类弃恶从善，那么老师的赞扬和斥责大概也很难说会成功。

事实上失败有一个颇为充分的原因——正是这项任务的不可能性这一原因。期待犯罪可以即刻被消除，无论是通过国家教育，或噤声系统[①]，或隔离制度，或任何其他制度，都是以讲求实际引为自豪的人们所陷入的那些空想的社会改良方案之一。犯罪是不能消除的，除非通过人类正在经历的适应社会性状态的渐进过程。犯罪就是旧的不适应的天性的不断爆发——一种不适应其外界条件的性格的指标；犯罪只能按不适应性减少的同样速度来减少。不改造人们的天性就不可能改造他们的行为；而期待他们天性的改造可以通过正在缓慢使我们变得文明的力量以外的方式，那是幻想。训练或培育的计划只有与它们有机地改变国民性格相称才有用处，而它们做到这一点的程度决不会很大。主要不是通过人类设计的机构——尽管这些机构也许各有其益处——而是通过环境加于人们的永不休止的作用——通过新条件加于人们的经常压力——所需的变化才得以实现。

与此同时，可以这么说：**能够**靠教育实现的无论什么样的道德上的利益，都必须靠一种情感的而不是智力的教育去实现。如果

① 指狱中完全禁止犯人讲话的狱规系统。——译者

你不是使一个儿童懂得这件事是对的，那件事是错的，而是使他感到它们是这样的——如果你使美德被热爱而使邪恶被憎恶——如果你激起一项高尚的欲望，而使一项低劣的欲望呆滞——如果你使先前沉睡的情感活跃起来——如果你使同情的冲动压倒自私的冲动——简言之，如果你造成一种心灵状态使适当的行为成为自然的、自发的、本能的，那你就做了一些好事。可是任何教义的学习，任何道德规则的教导，都不能做到这一点。只有通过反复唤醒适当的情感才能使性格发生变化。仅仅由智力接受的观念，如果没有得到来自内心的响应，对于行为是完全不起作用的，在进入实际生活后很快就被忘却。

人们也许要说，像现在这种被说成唯一有效的训练也可以由国家来承担。毫无疑问它可以承担。但是让上天保佑我们不受一切进行感情教育的议会企图之害！

然而还有另一个反对意见。如果在鼓动这件事以前，人们就已经采取预防措施，给教育下定义，他们大概会看到国家在这问题上不能提供什么真正的帮助。

在一切品质之中人们最需要的是什么？无先见之明的群众如此缺乏的是什么品质？自我克制——为将来大的满足牺牲目前小的满足的能力。一个天生具有适当自我克制能力的劳动者决不会把他星期六晚上的工资花费在酒吧里。假如工匠有足够的自我克制能力，他就不会按他在繁荣时期的收入生活，而不为将来未雨绸缪。较多的自我克制将会阻止轻率的婚姻和贫民人口的增长。而假如没有酗酒，没有浪费，没有毫无顾忌的繁殖，社会上的贫困现象将会是微不足道的。

怎样才能增加自我克制的能力呢？任何事情只有通过一次印象深刻的体验才能做到。需要从他们身上引出这种机能——即对他们*进行教育*——的那些人，必须交给大自然去训练，让他们忍受与其性格上的缺点相伴随的痛苦。对于轻率的唯一治疗方法就是轻率所带来的痛苦。只有使他直接面对严厉的必然，让他感到必然是多么严峻，多么无情，才能改善这个人不善于克制的欲望。一切对人类与其生存的外界条件的关系的干涉——用济贫法之类来减轻后果——只会起到抵消矫正和延长祸害的作用。让我们永远不要忘记，法则是——适应环境，不管环境是什么样的。如果我们不让人们去和他们所处地位的真实环境相接触，却把他们放在人为的环境中，他们就会适应这些人为的环境；而最终，他们将不得不遭受对真实环境再适应的痛苦。

现在，在引起自我克制的一切刺激中，也许没有什么像父母的责任感那么强烈的。如果是这样，减少这种责任感就是使用最有效的阻止自我克制发展的手段。关于这一点，我们在用济贫法鼓励轻率的婚姻这件事中有了充分的证明；济贫法由于解除人们扶养子女的责任而产生的效果，必然也会由于剥夺他们教育子女的责任，而在较小的程度上产生。国家承担的为他的家庭做的事愈多，已婚者的开支也就减少得愈多，受到损害的是未婚的人，于是结婚的诱惑就变得愈大。不要让任何人认为，对一个工人的子女提供显然免费的教育，在该工人考虑娶妻是否妥当时，是无足轻重的。凡是留心观察过，在理智的商讨中强烈的激情怎样反复无常的人——注意过它会怎样恫吓反对它的较弱感情使之闭口无言，怎样轻蔑地对待最具决定意义的反面证据。而另一方面，在极力主张它自己看法的优点时，“轻如鸿毛的小事成为有力的证据”——凡是曾经注意过这一点的人，都不会怀疑，在这样一个人的考虑中，免费训练子女的前景将在不小的程度上影响他的决定。不仅如此，它的确将为屈从他的欲望提供一个正面的理由。正像一个人在付费高昂的宴会上，会根据钱要花得合算的原则，吃得超出他明知于他有益的分量，一个工匠也会由如果他不这样做，他就白白付出教育税这一事实，找到结婚的藉口。

国家教育也还不只是这样会鼓励人们服从当前的冲动。在整个家长生涯中，它还会施加不利于增加自我控制能力的影响。送孩子们上学校的欲望目前对穷人不顾将来的倾向所起的抑制作用就会被消除了。许多人在目前情况下只能勉强管束某些邪恶的或放纵的习性，他们的最有效的抑制就是想到他们如果屈从这种习性就必然会牺牲他们切盼给予子女的书本学习机会，一旦这种抑制被削弱，他们就会失足——不但会停止去改善自我控制能力，像他们现在正在做的那样，而且还会倒退，把一种较低的而不是较高的生活状况遗留给他们的后代。

因此政府只能通过在一个方面不进行教育，才能在另一个方面进行教育——只能靠牺牲品质来给予知识。它阻碍一种极其重要、普遍需要的品质的发展，以便可以给予一点粗浅的知识。

在人们这些徒劳无功的设计和大自然默默发挥作用的力量之间有着多么明显的差异啊！大自然以一种完全的经济方式，使一切力量都成为有效益的，她使作用和反作用都同样有用。对子孙后代的这种强烈的爱在她手里变成进行双重培育的力量，同时把父母和儿童塑造成需要的形式。可是这一有强大力量的手段，政治家们却提议把它搞乱：信心十足地认为他们自己专有的装置将会大大地更为合用！

［注：《社会静力学》出版后不久，知名的慈善家塞缪尔·莫利先生要求我让他以小册子的形式重印上面一章，以便销售。我欣然同意了。不久，当小册子的第二版有了需要时，我利用这机会添加了一些进一步的论证，我把它们附在这里。］

在那些激烈反对建立国教的人中，大部分人未能认识到，他们最喜爱的措施——国家教育，根据类似的理由也是应该反对的。

一切真理，无论是宗教的还是尘世的，都是一个前后一贯的整体的部分内容，如果认为国家没有能力传授其中的某一些内容，却有能力传授其中的另一些内容，似乎是很奇怪的。对于这一论证的回答是：关于一类真理存在着广泛的意见不一致，而关于另一类真理却存在着普遍的一致。他们极力陈说对于宗教原则的每一论点人们都有争议，而对于字母表，对于拼音，对于算术规则，对于语法，对于地理，等等等等，人们却是意见一致的；他们辩论道，国家传教的不公正就在于并非所有的人都赞成传布的信条这一事实，由之推论，关于尘俗的知识既然不存在意见分歧，国家传布它就没有什么不公正，因此，上述类比是不能成立的。

这种观点无疑是貌似有理的。必须承认，在从布道坛上赐予的**信仰**和从教师讲台上传授的**真理**之间划分的区别，基本上是有确实根据的，但是这一承认决不意味放弃抗争的论点。也许一个相似的例子将最好地表明正确的观点。

"你看见这些石头,这木料,这些石板和这石灰了吗?""看见了。""你承认这些是建造房屋的材料吗?""我承认。""那么,当然,在建筑这个问题上我们之间不会有什么意见不一致了吧?""对不起,在房子的大小,它的设计图,使用的各种材料的比例及其加工方法,建造的程序,以及无穷无尽的细节问题上,我们还是会有不同意见的。"

根据类比,这就是国家教育主义者的论证;这就是他们得到的答复。指着一堆学校用书,他们问你是否接受这些书中包含的事实。在你同意之后他们又提出进一步的问题:知识是不是由这些事实组织起来的。并且直接根据你的肯定的回答得出结论说,教育是对它不能有不同意见的一个问题!他们忘记了对原材料的同意并不包含对如何处理它们的同意。

如果有人伪称,在我们目前的状况下,关于进行教育的正确方法有什么近乎一致的意见,这种人也是很少的。关于教学课程的选择,关于讲授这些课程的先后次序,关于它们的教学方式,关于应该和教学一道进行的道德训练,关于可以采取的每一步骤,从如何对待我们的婴孩一直到大学的考试,都存在互相矛盾的意见。这些看法的相互矛盾有多么强烈,其基础有多么牢固,我们只消看一看提出的几个具体异议就可以最清楚地了解。

"先生们,"某位经过深思熟虑的公民会说,"你们的教学大纲中包含许多我认为比较无价值的东西,而完全漏掉了我觉得比几乎所有其他课程都更重要的课程。在你们的课程表中历史占了突出的位置;但是我没有看见提到生理学。现在,因为我的孩子只有几年上学的时间，我认为花费他们的时间去学习生活在许多年前的人们的一切（一种没有日常益处的知识）是不适当的，这时间不然就可以用来了解他们自己的身体是怎样构造的，应当怎样对待。知道阿让库尔战役是怎么打的，或亨利八世有几个妻子，从来没有拯救过任何人的性命；可是每天，由于无意中违背了他们身体构造的规律却有成千上万的人死去。你们认为，说不出是查理一世还是查理二世被斩首的人是极端无知的。而我要告诉你们，用任何合理的标准来判断，对于他生活于其中的躯体的性质与功能一无所知的人，则要更加无知。你们所说的无知是无害的；而我所说的无知却常常是致命的。不，不成；课程的选择这样荒谬，决不可让你们教育我的儿子。"

"我觉得，"另一个人提出异议说，"你们的体系在安排上是完全不合乎哲学的。追随老的先例，你们提出从字母表开始；从读转入到写和算术，轮流上别的课程。可是这个教程，你们认为十分合理，我却认为它是根本错误的。就我看来，很清楚，心灵和身体一样，其各项机能的发展有一个自然的次序；我们必须调查那次序是什么，而按照它去做。假如有人试图使他孩子的四肢和内脏按照他幻想为最好的某一特殊的次序去发展，你们会认为他是一个愚蠢的家长。你们会告诉他，只要他提供大自然所要求的营养和锻炼，剩下的大自然就会做得比他所能做的好得多。可是这种经验主义的培育计划，照我所知，你们根本没有请教大自然，因此也包含着同样的愚蠢；你们在类似的场合会说的话，我现在要对你们说；也就是说，教师的真正职能是观察各项机能发展的次序，并不断提供心灵表明它适于吸收的那一类知识。现代教育以训练理解力开始的做法表明对这项真理的部分承认;很快就可以看到这同一真理是自始至终适用的。现在因为你们的计划无视这一切,因为我不愿让我的孩子们的智力渴望得到的各项事实受到限制,同时却要他们接受他们的智力不能适当消化的各项事实,我不得不拒绝你们提供的这种教学计划。”

“这种死记硬背的学习方法是野蛮的,”第三个人嚷道,“我认为它非但不能加强记忆力,反而会削弱它。良好的记忆力在仅仅给它一次印象之后就能记住一个概念,不好的记忆力要在许多次重复给它印象之后才能记住一个概念。现在根据普遍规律,机能只有通过运用才能变强,不运用时就要变弱,因而可以推论,如果引导记忆力不断努力在听到或读过一遍事实、词或句之后就记住它们,那它就必然会增强;而另一方面,可以推论,如果使这种努力成为不必要,记忆力就必然会被削弱。你们的死记硬背的学习方法的确使这种努力成为不必要。教科书就放在他面前,他意识到他可以爱看多少次就看多少次,学童得不到什么刺激要去集中注意力。他任他的思想东游西荡,无拘无束,知道他只要高兴随时可以回到功课上来。这种习惯在他身上滋长:他时常几乎失去控制他到处游荡的思想的能力;最后养成了以半意识的方式重复他正在学的词语的坏习惯——一半心思想着它们,另一半心思想着别的事。这样,精神集中的能力因为不那么需要而减弱下去。因此接受的印象变得不如以前那么鲜明;也就是说,记忆力变得更弱了。因此我不能采用一种像你们所用的那种受到这么坏的方法损害的培育课程。”

“我认为,”第四个人评论道,“你们的训练办法是有缺陷的。

我不赞成用奖赏和惩罚来管理儿童。和许多别的人一样，我认为在几乎所有人的身上，爱受赞扬已经是太强烈的一种情感；因此我反对由于经常满足它必然使它变得还要更强烈的处理办法。你们的改正错误的方法同样是要反对的。道德和智力两方面明显的谬误在许多情况下更多地是由于教师而不是由于学生的缘故：通常是课程与年龄不适应或方法不好的结果。而且当真要怪学生时，我认为你们的严厉的措施也几乎总是有害的。如果缺点是能力不足，一点同情和几句鼓励的话会比皱眉和辱骂更有效果；而在学生品行不良的情况下，一个使自己成为学生朋友的老师友好地给予严肃的批评，会比一个被学生敌视的老师的殴打更成功。照我想的这样想一想，你必然会看出你的方法是完全不能被接受的。”

“我同意所有这些反对意见，”第五个人又说，“而且我还有自己的其他意见。就我而言，提出异议是一个良心问题。我把我的这些孩子看做我应对他们身心的幸福负责的人；我认为如果我容许他们受到我认为是有害的方式对待，我就是违背良心做事。现在我觉得你们的教育计划在许多方面基本上是有缺陷的。那么如果把我的孩子交给你们去照管，我难道不是严重的失职吗？如果你们说不是，那你们就真是太可怜了。如果那是失职，我除了表示反对还能做什么呢？难道我应该付给你们教育税而什么回报也得不到吗？你们也许会回答说：不错。可是我必须告诉你们，我的良心不会容许我这样做，正如它不会容许我使用你们的学校一样。因为这不仅将使我帮助你们去错误地教育我邻居的孩子们——那是我追求人类幸福的愿望所禁止的——而且将使我屈从于我觉得必须加以反对的不公正。你们难道不认为反抗试图奴役你们的人是一项责任吗？假如你们知道奴役对幸福具有多大的毁灭性，而又消极地容许奴役在你们身上得逞，你们难道不会把你们自己看做人类的叛徒吗？你们当然会。那好，根据同样的理由，我必须反抗这种对我的自由的侵害。我相信，为了人类的幸福，每个人的自由除受一切人同等自由的限制外，应该是不受限制的，因此我不能不违背良心地默认你们的侵害。因此，我要告诉你们，我将**不会**把我的孩子们交给你们管理。我要告诉你们，我将**不会**按照你们的命令支付别人的学校账单。而且我要进一步告诉你们，如果你们想要占有我的财产，你们就是从我手中把它抢走，正如教会所做的那样。”

现在，不论国家教育的倡导者对这些各种各样不遵从的理由怎么想——其中最后一种意见在美国实际上已被接受——他都必须承认它们都是十分可能的理由。他也必须承认，这种关于青年培育问题的意见分歧一直在增大，而且很可能将继续增大。他必须承认，过去当人们开始讨论神学问题时，原来信仰上的统一就让位于分歧，这种分歧以不断增加的速度一直在加大；同样，教育现在已成为引起思考的问题，过去统一的做法已为各种各样的方法所取代，这些各种各样的方法将来还会进一步增多。他必须承认，只有在心理学——我们对它知道得还很少——得到科学的归纳整理，并被人们普遍理解之后，关于如何正确地办教育才可能有普遍的一致意见。他还必须进一步承认，随着文明程度的日益增长，人们会更加明白智力训练的重要性，这将使他们更加不愿意让子女去接受值得怀疑的训练。最后，他必须承认，与这种情况并存的、作为现代文明特点的个人权利感的不断增长，总有一天要产生一种决定性的不同意见。

因此，国家教育的倡导者只能承认国家教育是不公正的。由于他们企图找出国家教育与国家宗教的区别，他们就等于默认，假如两者没有区别，国家教育就会是无法接受的。我们已经发现这个假定的区别站不住脚。虽然在被教导的事物的信仰方面，据说还缺乏类似性，但在教导的方式方面，同样的不信从对两者却是共同的。如果对其组织或管理，对其礼仪形式或清规戒律的不赞同，被承认为不同意国家宗教的正当理由，那么就必须承认，类似的对其惯例、方法或培养课程的不赞同，是不同意国家教育的正当理由——这一承认就使它除教会人士外不再有任何一贯的支持者。

公学联合会的会员们和他们的对手——里奇森计划的支持者们，表现了令人钦佩的精力和慷慨。从500英镑往下的捐款表明了对教化人民的巨大热情。他们把宝贵的时间奉献于撰写小册子、时事通信和社论，说明他们必然对其计划的成功怀有强烈的兴趣。疲惫不堪的实业家们放弃他们的闲暇时间去参加委员会，显示了值得赞扬的自我牺牲精神。安排公众集会，准备及发表讲话和演说，提出议会法案，征集请愿书的签名，建立地方组织，以及这些先生们为进行广泛的鼓动所承担的许多其他工作，证明他们对传布知识有着多么强烈的愿望。没有任何法律强迫他们这样行动。没有收税人来要他们认捐，说："交出你的钱或你的货物。"不参加委员会和会议并不会招致任何惩罚；许多繁重的职务已有人充任，也并非因为拒绝充任会带来罚款。他们所做的一切都是满心情愿去做的。而且，他们期待着在社区的群众中产生同样的无私热情。他们发行书籍和小册子，发表讲话和演说，为了让人们与他们合作并帮助他们。通过坚持这一做法——通过筹集更多的捐款，争取更多的会员，举行更多的会议，传播更多的报道，发行更多的小册子，准备更多的请愿书，以此逐渐增多愿意为这事业奉献时间或金钱的人的数目，他们希望最终造成足够有力的公众舆论，使他们的计划体现在法律中。

让这些先生们把这些事实记在心上，在下次估计自愿主义的效率时，把他们曾经做的事和希望做的事，也包括在他们的估计中。让他们记住，他们期望去唤醒漠不关心的人，团结谨慎多疑的人，说服反对的人——简单说，去教育人民接受他们观点——所依靠的力量，正是他们认为十分可笑地不胜任教育人民的子女们的那种力量。要确定什么是这力量所能做到的，他们必须假定根本不考虑议会的帮助，然后还要把他们自己的全部精力和他们对手的精力加起来。他们不能否认这种精力在双方都是同一性质的。在每一场合，教化人民的热情都是动力；在每一场合这种热情都产生活跃的努力；而且虽然选择的方法不同，但这些努力都是指向同一目的的。因此，很清楚，要判断没有国家帮助知识能够传播到什么程度，必须把现在和今后被引导去获取国家帮助所用的全部精力，和花费在我们目前教学组织上的精力加到一起。

如果国家教育主义者为他们被这样划入实际上的——虽然是无意识的——自愿人员之列感到吃惊的话，当他们发现他们对自愿主义成就的期望有多么大时，他们会更加吃惊。他们想要在全国建立一个由地方控制，但由强迫性地方税支持的学校体系。他们试图通过法律来建立这一体系。因此为了建立这个体系，他们正在进行积极的鼓动，希望不久就能说服大多数人民和他们想法一样。当大多数人提出这一要求时，他们的计划就会得到法律的确认。他们希望把大多数人引导到一种什么样的感情状态呢？他们希望使他们对这项计划发生浓厚的兴趣，使他们对教育的重要性得到十分深刻的印象，唤起他们对无文化者的深切同情和对堕落者的足够的怜悯，以致他们会对政府说："向我们征税吧，以便有足够的学校和教师。"这就是国家教育的倡导者希望通过他们自愿的努力使大多数人说的话：这也是不小的功绩，如果他们成功的话。但是现在让他们自问一下，这种坚持不懈的劝说，如果能使大多数人说"向我们征税吧，以便有足够的学校和教师"，是否可能也会容易地使他们说"让我们自己来提供学校和教师吧"。如果可以使大多数人这样迫切地要求发展教育，以致愿意让国家把手伸到他们的钱袋里，难道稍微更多一点的劝说不可以使他们把自己的手伸进他们的钱袋里吗？

政府殖民

一个殖民地就是一个社区，若问国家建立并治理殖民地是否正当，实际上就是问一个社区建立并治理其他的社区是否正当。这个问题不仅牵涉到一个社会和它自己的当局的关系，而且牵涉到外部的人们对这一社会的利益，因此在某种程度上超出了我们迄今为止所考虑的那类问题的范围。可是，我们的指导原则在这一场合和在其他场合一样，可以提供满意的指导。

几乎无须指出，一个政府承担管理一个殖民地的事务，辅之以司法人员、警察、警备部队，等等，若不侵害本国社会是做不到的。任何为这些目的的开支，无论是像我们本国的开支一样每年约350万英镑，或只是几千英镑，都意味着对国家职责的违反。我们已经认识到，从人们那里获取财产若超过了为更好地保障他们的权利之所需，就是对他们权利的一种侵害。而如果不这样拿走人们的财产，殖民地的开支是无法应付的。因此不能说殖民地的开支是正当的。

反对的人的确可以宣称，通过在一块殖民地维持一个附属的议会，本国议会只是对殖民者履行它原来的保护者的职责；而殖民者有权要求得到它的保护。但是一个社会对它自己，即一个政府对它的国民的职责，不容许承担这样的责任。因为既然政府的职能是实施同等自由的法则，它如不违反它的职能，就不能向它的一部分国民按照高于保护他们所需要的税率征税，以便能给另一部分国民以低于主要成本的保护；为了保护移居国外者而牺牲留下的人们的利益，却正是这样做的。

可是，有一种办法可以保持宗主国及其殖民地之间的立法联合而不破坏同等自由法则，那就是，使它们成为一个帝国的组成部分，分别在受命治理整个帝国的联合会议中有代表。但是尽管理论上像这样的一种安排是公正的，认真考虑一下，它却是明显地失策。提议让英国人参加为澳大利亚、好望角、新西兰、加拿大、牙买加以及其余地方的人民立法，而这些人民也轮流为英国人并互相为对方立法，这和提议肉商监督布商的货物分类，布商为杂货商制定价格表，杂货商指导面包师傅做面包是十分相像的。

教皇亚历山大六世的做法是极其厚颜无耻的，他把地球上未知的国家分给西班牙和葡萄牙，把位于通过大西洋划出的一条子午线以西的一切已被发现和尚未发现的异教徒土地授予西班牙，而将那条线以东的异教徒土地授予葡萄牙。伊丽莎白女王也多少有些厚颜无耻，她授权汉弗莱·吉尔伯特爵士“去发现并占有遥远的异教徒国家”，并“在这些国家及其毗连海域行使权利、王权和管辖权”。查理二世表现出同样的厚颜无耻，他授权温思罗普、梅森和另外一些人，“对于在今后任何时间，企图进行或策划针对计划中的康涅狄格殖民地的居民的破坏、入侵、伤害或骚扰活动的任何个人或团伙，可以采用适当的任何一种方式、计划和手段，予以斩尽杀绝”。的确，一切开拓殖民地的远征，直到我们自己的时代的那些远征，包括美国的对外兼并，法国的占领阿尔及尔和塔希提岛，英国的征服辛德和旁遮普，都带有与海盗行径可憎的相似之处。可是通常这些肆无忌惮的行动都招致应得的报应。贪得无厌产生了十分错误的信念，引诱国家做出大部分灾难性的行为。"人们的富有是与他们的土地成比例的，"政客们辩称，"地产的增加很明显就等于财富的增加。那么，获得新的领土必然对国家有好处，还有什么能比这更清楚呢？"这样，为这一类推所迷惑，受获取的贪心所煽动，我们不断地攫取一块又一块殖民地，完全不顾它们带来的损失。事实上，它们的确带来损失这一情况一直是令人难以置信的；虽然公众在心里开始产生怀疑，抓住不放的本能欲望却太强烈，不容许改变政策。我们的困境就像一则寓言中的那只猴子：它把手伸进一只盛水果的瓶子里，抓了一大把水果以致不能把手再抽出来，只好拖着瓶子到处走，却从未想到把它抓住的东西放下。什么时候我们才能获得比猴子多少高一点的智慧，还要等着瞧。

尽管纯粹的盗窃习性——通常被冠以某些冠冕堂皇的别名——一直是殖民侵略的真正推动力，从科特斯和皮萨罗的远征以来，它们的目的却总被标榜为或者是传布宗教，或者是扩大贸易。在现代，后一借口是最招人喜爱的。获得更多的市场——这是人们彼此大声说的话——是企图达到的目的。而且，殖民地立法虽然次于扩充帝国的版图，但它的主要方向一直也是围绕这一目的的。让我们考虑一下这类立法的价值。

中世纪有那么多具有超人力量的人，似乎总喜欢在最微不足道的场合显示他们超自然的力量。他们通常的功绩是在从事建造教堂时,神秘地把木匠做得太短的大梁变长。有些人经常习惯于从天上唤下火来点燃他们的蜡烛。当不知道在哪里放置他的衣服时,特里夫斯的圣戈尔就会把一束阳光变成挂帽钩。据说圣科伦巴纳斯曾造出一项防止蛴螬为害甘蓝的奇迹。现在,虽然这些使用巨大的手段去达到微不足道的目的的例子,与政府获得殖民地贸易的努力并不完全相似,但两者的荒谬性只是程度上的区别而已。使用与需要可笑地不相称的力量,是它们共同的特点。在一个场合和在另一场合一样,使用了一种非自然的手段去实现自然的手段也同样会实现的事。贸易是一件十分简单的事情,哪里有贸易机会,哪里就发生贸易。可是根据政治家们的说法,必须用一架庞大而昂贵的机器把它制造出来。只有用直接和间接的付出换回的东西是比用其他方式所能得到的更大价值的商品时,贸易才对一个国家有利。可是政治家们却不承认这一判断它是否有利的界限。英国货的每一新出路,无论要用什么代价来维持它的开放,他们都认为是值得的。这里是一个杂木丛生的小岛,或一片荒凉的土地——有害健康的,或贫瘠不毛的,或气候严酷的,或甚至无人居住的——由于发现、征服或外交的操纵,可以拿到手。于是立刻就加以占领;委派一个高薪的总督;官员们聚集在他周围;然后跟着是城堡、驻军和守卫舰只。由于这些原因,不久就发生了与邻国人民的争执,以及入侵和战争;这些又要求更多的防御工事,更多的军队,更多的钱。对于所有反对这样乱花钱的抗议,回答是——"想想看这会怎样扩大我们的贸易。"如果你抱怨糟蹋掉800,000英镑在直布罗陀和马耳他设防,每年开支130,000英镑去防守伊奥尼亚群岛，在像百慕大这样毫无用处的地方常驻1,200名兵士，派兵驻守圣海伦娜、香港、黑尔戈兰，以及其余地方，人们会告诉你这一切为保护我们的贸易都是必需的。如果你反对在锡兰政府身上每年花费110,000英镑，人们会认为，锡兰每年从我们这里购买价值总额达 240,000 英镑的制造品就是一个足够的回答。对于每年花费800,000英镑来保持加拿大的政策你可能提出的任何批评，都被用这不过等于加拿大人花在我们货物上的数目的百分之三十这一事实给予了答复。[①] 假如你因为害怕东印度公司的债务有一天会由英国人民承担，而痛惜在阿富汗战争中开支的 17,000,000 英镑，在辛德浪费的每年 1,000,000 英镑，以及在征服旁遮普中消耗一空的数不清的财产，那么回答你的仍然是发展贸易这一永恒的借口。婆罗洲的丛林、卡夫拉利亚的沙漠和福克兰群岛荒凉的小山，都是根据这一借口而占领的。最浪费的开支受到宽宥，只要它后面跟着对商品的微不足道的要求：哪怕这些要求只是为了满足驻军的需要——营房窗户用的玻璃，军官浆衬衫用的淀粉浆，以及总督餐桌上用的方糖：这一切都被细心地包括在贸易部的报表内，人们为这些构成了我们出口的增长而欢欣鼓舞！

但是我们不但所费甚多而所得甚少，而且还为了完全一无所获而花钱；不仅如此，在有些场合甚至是为了得到损失。一切与殖

① 关于这些和其他这类事实，见 W. 莫尔斯沃思爵士在1818 年至1849 年议会各次会议上所发表的演说。

民地进行的有利可图的贸易，不用为殖民地的行政管理花一个便士就会产生——一定会自然地流向我们；而任何不会自然地流向我们的贸易，都不是有利可图的，却是相反的。如果某个殖民地单只和我们做生意，那它这样做是由于下列两个原因之一：或者我们制造的供它的居民消费的物品价格低于任何其他国家，或者我们强迫它的居民从我们这里购买那些物品，虽然他们可以从别处用较低的价钱买到。显然，如果我们能以低于别的生产者的价格出卖，即使该殖民地是独立的，我们也将独占它的市场。如果我们不能以低于他们的价格出卖，同样可以肯定我们是在间接地损害我们自己，也损害殖民者；因为正如麦卡洛克所说："每个国家都有某些天生的或获得的能力，使它能够比任何别的国家更有优势地从事某些部门的生产。但是一个国家在它的殖民地的市场上被别人以低价压倒，这事实就决定性地表明它没有任何优势，和别国比较起来，在殖民地市场需求的某些特别物品的生产方面，它居于不利的地位。因此在殖民地一个人为造成的市场上供应我们以别的方式本来无法处置的物品，我们实际上是让国家的一部分资本和劳力流入了比它会自然流入的渠道较少有利的渠道。"如果在因制造我们原可比较经济地买进的货物而对我们造成的损害之外，又加上为了安抚殖民者而向他们购买能够以较优惠条件从别处得到的商品而使我们蒙受的损害，摆在我们面前的就是这些十分贪婪的垄断做法带给我们的双重损失。

这样我们又一次受到教导，关于公平的训诲多么值得极端尊崇，它们的应用又是多么具有普遍性。正是那种可以不破坏这些训诲而与殖民地进行的商业往来带来收益，也正是那种不能这样进行的商业往来带来损失。

从本国的利益转到殖民地的利益，我们遇到的仍然只是灾难性的结果。关于母国的保护，是一个十分动人的说法，但却是十分虚妄的。如果我们相信那些认识到事情的本质而不是名称的人，就会发现这里很少有什么母性可言。在美国《独立宣言》中我们看到关于这一论点的经验的坦率陈述。谈到英国国王——父母之邦的化身，《宣言》说：

“由于他拒绝同意批准建立司法权力机关的法律，他阻碍了对司法的管理。

“他设立了许许多多新的职位，委派大批官员到这里来侵扰我们的人民，并吞噬其财产。

“他未经我们的立法机关的同意，在和平时期在我们这里保持常备军。

“他与其他人相勾结强迫我们服从既不符合我们的政体，也未经我们的法律承认的管辖权；批准他们自称的符合法律的行动。

“在我们这里驻扎大批武装部队。

“以虚假的审判保护他们在对这些州的居民犯下谋杀罪后而不受惩罚。

“切断我们和世界各地的贸易。

“未经我们同意向我们强行征税。

“在许多情况下剥夺我们受陪审团审判的利益。”

等等，等等，等等。

现在，虽然像这些一样残酷的暴政通常并没有玷辱目前的殖民地立法，但我们只要看一眼在我们国外领地出版的报纸，就会知道我们殖民部的专横统治并非什么赐福。15 年中的两次暴动相当清楚地暗示了加拿大人的感情。在同一时期好望角的布尔人叛乱了三次；而我们刚刚有过一次关于囚犯的情绪激昂的辩论和激烈的笔战。在西印度群岛存在普遍的不满。牙买加的报道谈到停止供应粮食，国家机器陷于停顿状态。圭亚那也发出同样的新闻。这里是关于节约开支的争吵；那里是叛乱的骚动；到处是愤懑不平。锡兰的名字使我们一方面想起有爵位的总督的横行霸道，另一方面想起受侮辱的殖民者的强烈憎恨。在澳大利亚殖民地，罪犯的移民成为令人痛苦的话题；而从新西兰则传来反对官员专制的抗议。四面八方的风都带来同样的故事，关于不理睬任何劝诫的玩忽职守，无穷无尽的鲁莽傲慢、笨拙、争吵、拖延、腐败。加拿大人抱怨他们曾在准备给予的一项特权的诱惑下把资金投入面粉厂，但随之而来的立法又使这些面粉厂成为废物。由于给多少保护不断在变，蔗糖种植人说不知道怎么办才是。在南非，因处理不当在一段时期使格里夸人成为敌人，在另一段时期引起一场卡菲尔战争。新西兰的移民悲叹一个政府席位的荒谬选择，白花在修筑无用的道路上的钱，以及必要的工程未完成就扔下不管。南澳大利亚因它的总督的奢侈而陷于破产；土地分配过于分散使殖民者变得粗野；送出的劳工过多，使他们沦为乞丐。我们的对华贸易由于军官们对中国人的欺侮行为而受到危害；拉布安的当局在滋生疫病的沼泽建立他们的第一块殖民地。

然而，母国保护的这些结果不必使我们吃惊，如果我们考虑一下母性的职责是由谁来履行的话。这 46 个社区分散在全球各地，其距离从 1,000 英里到 14,000 英里不等,向它们当中的某个地方发出一个问题到得到一个答复往来要费时 3 个季度,它们由不同的种族组成,处于不同的环境中。而这些数目众多、相距遥远的社区的事务——它们的商业的、社会的、政治的和宗教的利益,由谁来照顾呢?由坐在唐宁街办公桌旁的 6 名官员和他们的 23 名办事员!按照每一殖民地0.13个官员和0.5个办事员的比率!

可是,政府殖民带给母国和殖民者双方的灾害尽管那么大,和加于被征服国土著人身上的灾害比较起来又显得微不足道了。爪哇人民认为欧洲人的灵魂在死后要进入老虎的体内;据说一个西班牙属地的酋长在听说天堂里有西班牙人时,希望不进天堂。这些事实是很值得注意的:隐晦地暗示许多未曾记录的憎恶感情。但是它们并不暗示任何比历史告诉我们的更坏的事。无论我们想到被灭绝的西印度部落——他们被迫在矿山劳累至死;还是想到好望角的霍屯督人——他们的主人把小号子弹射进他们的腿来处罚他们;还是想到荷兰人一天早上在巴达维亚屠杀的 9,000 中国人;还是想到最近被法国人在达赫拉岩洞里窒息至死的阿拉伯人;我们只要想一想被征服的种族通常受到所谓基督教国家什么样待遇的任何例子就够了。假如有人自认为我们英国人没有犯过这类野蛮罪行,那么他很快就可能为一篇关于我们在东方所作所为的叙述而感到羞愧。上个世纪在印度的英国人——"食肉的候鸟",如伯克称呼他们的那样——比起他们在秘鲁和墨西哥的典范表现出的残酷只是稍微少一点。可以想象他们的行为一定有多么凶恶,甚至连东印度公司的董事们也承认"在内地贸易中获取的巨大财产，是通过人们所知的任何时代或任何国家的最暴虐、最具压迫性的行为的场面得来的”。请想象一下范西塔特所描绘的凶残的社会状态吧，他告诉我们英国人以鞭挞和监禁之苦来强迫土人只按他们愿意的价格来买或卖。请判断事情必然到了什么样的地步吧，在描写一次旅行时，沃伦·黑斯廷斯说：“在我们走近时，大部分小城镇和旅店都空无人迹。”当局的既定政策就是冷酷无情的背信弃义。王侯们被错误地导入彼此间的战争；他们当中的一个受到帮助制伏了他的对手，然后他自己又因一些所谓的罪过被废黜。总有一些混浊的溪流就在身边可供官方的豺狼当作借口。从属的酋长们如果拥有被垂涎的土地就会给过分的纳贡要求弄得贫穷不堪；当他们最后没有能力满足要求时便被推断为叛逆而受到废黜的惩罚。甚至一直到我们自己的时代类似的不公正行为还在继续发生。[①] 一直到我们自己的时代，也还在继续实行那穷凶极恶的食盐垄断的做法和向贫穷的印度农民勒索几乎占土地出产半数的无情的捐税。一直到我们自己的时代还在继续那狡猾的专制暴政，它用土著人的士兵来维护并扩大对土著人的征服——在这种专制暴政之下，不久前，一团印度兵士因拒绝衣着不整地行军而被蓄意屠杀。一直到我们自己的时代，警察当局还与富有的恶棍勾结，容许法律机器被用来为着敲诈勒索的目的。一直到我们自己的时代，所谓的绅士们还骑着大象穿过贫困不堪的农民们的庄稼地，而且从土著人的村庄里为他们自己无偿地获取粮食。一直到我们的时代，印度内地的人们一见到欧洲人就跑进树林还是常事！

① 参看亚历山大·伯恩斯爵士的新闻报道。

人们不难看出，欧洲国家一般应为之感到羞愧的这些残忍的行为，这些奸诈的做法，这些杀戮与掠夺的行径，主要由于殖民是在国家管理之下，用国家的款项和国家的军队予以支援来进行的。完全不需要指出最近在新西兰的怀劳发生的事，或卡菲尔战争，或我们在东方不断的侵略，或一般殖民的历史，来证明这一点，因为这个事实是自明之理。一个学童由于意识到总有一个大哥哥袒护他而变得傲慢自大，这正是殖民者具有的特征，他把母国看做一个打手，随时准备着支持他，保护他。而不受保护的移民，置身于一个陌生的种族之中，觉得他们自己是较弱的一方，可以相当肯定会行为检点；他们的社区大概会在与土著人友好的关系中成长起来。但是如果让这些移民后面跟着几团士兵——让他们建造一个炮台，装上几口大炮——让他们感到他们是占上风的，他们就不再会是同样的人了。曾经被文明生活的纪律压抑着的残忍就会显露出来；他们经常会证明自己甚至比他们原来认识的自己要更加邪恶。种种有害的影响和他们自己的恶劣习性结合起来。保卫他们的军事力量是挑起争吵的有力动机，因为战争允诺了赏金。对于文职官员来说，征服提供了更多的职位和更快升迁的前景——这一事实必然使他们偏向支持征服。这样，侵略的倾向受到各方面的鼓励，使殖民者犯下了那些使文明丢脸的暴行。

好像要使论证变得完全似的，历史又提出证据：政府殖民伴随着无穷无尽的痛苦和令人憎恶的行为，而自然进行的殖民却可以避免这些。使人们看到殖民地居民的仁慈、正直和诚实是比军队、防御工事及总督的英勇更好的对殖民地的保障，威廉·佩恩享有这样做的荣耀。和不公正的殖民方式相对比,宾夕法尼亚在各方面都提供了公正的殖民方式的例证。它不是由国家,而是由平民个人建立的。它不需要母国的保护,因为它没有做破坏道德法则的事。它和印第安人缔结的条约,被形容为"历来缔结的条约中唯一未经过宣誓批准的条约,也是唯一从未被破坏的条约",代替了任何守备部队更好地为殖民地服务。在教友派保持主要权力的70年中,它享有一种安全感,它没有遭受其他殖民地常有的边境战争及随之而来的损失、恐惧和流血。相反,它的人民与土著人保持了友好互利的交往;而且,作为完全安全的自然后果,在物质繁荣方面取得了异乎寻常的迅速进步。

可以合理地推论,在其他场合类似的政策也会是同样有利的。比方说,没有人能够怀疑,假如东印度公司没有得到军事援助和国家授予的特权,它本身的事务和印度斯坦的事务都会处于远比现在为好的状况。对帝国的疯狂渴望就决不会使该公司背上使它瘫痪的巨大债务的负担。不断花费在侵略战争上的精力就会用来开发国家的资源了。假如殖民者像这样把注意力全部转移到商业上,并且和平地处身行事,像他们在无人保护的状况下会被迫做的那样,英国就会更好地得到原料的供应,英国货物的市场也就会扩大了。

卫 生 监 督

现时关于立法干预卫生事务的观念似乎还没有形成明确的理论。苏格兰的东方医学会的确主张“采取措施，像保持人民的财产一样保护他们的健康，是国家的职责”；《泰晤士报》最近声称“枢密院应负责帝国的健康问题”；[①]但是还没有任何重要政党以发表明确的信仰声明的方式表明采纳这两项武断意见中的任何一项。

制止妨害公众的事属于政府职责的正当范围之内，这是很明白的。凡是污染他邻居呼吸的空气的人，就侵犯了他邻居的权利。人们有要求自由使用自然力的同等权利，无论什么使自然力变得多多少少地不合用，就多多少少地限制了那种自由的行使，任何人不必要地损坏自然力，致使它们有害健康，或对五官不适，显然就是对人们的侵犯；政府在履行作为保护者的职能时，便被要求向受到这样侵犯的人们提供补偿。

然而它不能合法地超越这个范围。正如在几项类似的案例中已经表明的，政府从一个公民那里拿走的财产若多于为了有效保卫该公民的权利所必需的财产，就是侵犯他的权利。因此，一切为

---

① 见 1848 年 10 月 17 日《泰晤士报》。

卫生监督用的捐税既然如实际情况那样，属于这个范畴之内，就必然受到谴责。

卫生部及类似的机构所暗示的理论不仅与我们关于国家职责的定义不符，而且应受到在类似情况下所受到的同样的严厉批判。如果说“采取措施保护人民的健康是国家的职责”，意思就是（正如医药界大多数人认为应该是）国家在庸医和光顾他们的人之间，在药商和要买药治他的感冒的工匠之间，应该进行干预——如果意思是为保护人民不受专凭经验的庸医治疗，国家应该禁止一切没有执照的人开药方；那么回答是：这样做是直接违犯道德法则的。这些干预，正和其他一切对行业的干预一样，使人们的权利受到侵犯。病人有从任何他乐意找的人那里购买药品和治疗意见的自由；没有执照的开业医生有把这些东西卖给任何愿买者的自由。没有任何借口可以在两者之间设置障碍而不使同等自由的法则受到破坏；其职责就是维护这项法则的政府尤其不可变成它的侵犯者。

此外，保护其人民的健康是国家的职责这一原则，因其同类原则不能确立的同一理由，也不能确立，即，不可能说明这断言的职责究竟应该实行到什么程度。健康依靠许多条件的实现——只有确保这些条件的实现才能受到“保护”。因此，如果国家的职责是保护其国民的健康，它的职责就是监督他们实现所有获得健康的条件。议会必须规定每一个个人每天吃几餐饭；确定男人、妇女和儿童的食物的数量和质量；说明流质的比例，在什么时候吃，属于什么种类；指定运动的总量，并明确它们的性质；描述应该穿着的衣服;决定睡眠的时数;并且为实施这些规定,必须雇用官员来监督每个人的家庭安排。另一方面,如果意思不是对私人行为实行普遍的监督,那么就会出现这个问题:在这种普遍的监督和根本不监督之间,作为一种职责的监督的界线在哪里呢?

在把人民的身体健康托付给政府监护和把他们的精神健康托付给政府监护之间,有着明显的类似性。假如人们灵魂的福利能够根据议会法令适当地加以处理,那么他们身体的福利也能够同样适当地加以处理。去除社会中的邪恶的做法自然可以引用作去除社会中的病疫的先例。净化人们聚居处的气体可以认为和净化他们的精神环境一样完全合情合理。害怕未经许可的传道士会灌输错误的教义和害怕未经许可的医生会给人以有害的药品或医疗意见有着类似之处。以前为阻止一项祸害而提出的诉讼,也会对被用来扑灭另一祸害的刑罚给予支持。反过来说,持异议者用来表明人民的精神健康不属于国家监督范围的论证,把条件略加修改,也可以应用于他们的身体健康。

不要让任何人认为这种类似性是虚构的。这两个概念不仅在理论上相互有关;我们有事实证明它们还往往体现在相类似的制度中。在医药界方面有一种要按照牧师们的方式组织起来的倾向。一般公众很少知道专业刊物如何积极鼓动要国家委派公共卫生的监督人员。把《柳叶刀》这份杂志拿起来,你就会发现一些人撰文说明有必要通过委派济贫法的医疗官员任终身职,只向中央当局负责,并由统一基金付给他们丰厚的薪俸,使他们独立于监护委员会之外。《公共卫生杂志》提议:“所有的房屋在空出时应由称职的人进行检查,看其是否具备适合未来租户安全居住的条件”;为此目的应向房东征收附加费——“一项足够支付人数充足的检查员每人年俸四五百英镑的税收”。一家非专业性的刊物附和这一要求说:“任何有理智的人都不会怀疑,假如迫令房东装置适当的通风系统,不但可以抑制霍乱和其他传染性疾病,而且总的健康水平也会提高。”而《医学时报》则表明了它的倾向性,它带着明显赞同的口吻宣称:“土耳其政府最近发布命令,要委派由国家支付薪俸的医生”,他们“必须为所有要求诊视的人——无论贫富——进行免费治疗”。

不让自由贸易各项原则扩及医疗方面的最似是而非的借口就是为了不让教育在这些原则下传播而提出的那同一借口,即,消费者的判断不是商品优质的充分保证。正统的外科和内科医生对于未经任命而从事他们职业的人所表现的不能容忍,应被理解为出于他们保护公众免受庸医之害的愿望。他们说,无知的人民不能区别好与坏的治疗,或技术高超与无技术的诊治者:因此必须替他们作出选择。然后,他们追随僧侣们的足迹——对于僧侣们迫害异端的行为一向所做的辩解也是相类似的——鼓动要对没有执照的医生进行更严厉的管制,并详述由于不加限制的制度,人们所面临的危险。听听瓦克利先生的话吧。谈到最近恢复的有关药剂师和药品商的法律,他说:“该法律必须具有效力在大范围内制止由不合格人员操作的被人们称为反医业的可怕的祸害,这种反医业长期以来在我国一直是有关医药的法律实施中的一项耻辱,而且无疑地曾经伴随着可怖的人命牺牲。”(《柳叶刀》,1841 年 9 月 11

日。)又说:“在帝国内没有一个药剂师和药品商在医药案例方面会拒绝在他自己的店里开方,或对每天为婴儿和儿童的病痛开简单药方而感到踌躇。”……“我们以前就认为这种祸害是十分巨大的,但是很清楚,我们还低估了公众受到危害的程度。”(《柳叶刀》,1841 年 10 月 16 日。)

任何人都可以通过这些滑稽可笑的夸大之词看出党派的观点远远超过慈善家的观点。但是且放过这一点。我们不在此详述“可怖的人命牺牲”竟没有引起人民自己对这一“可怕的祸害”的注意这一令人奇怪的事实;对于闭口不谈“反医业”所给予的利益至少可以相当大地抵消那种“十分巨大的祸害”这又一事实,也不予以过多的注意;姑且承认较贫穷的各阶级中有很多人的确受到药品商的处方和庸医治疗的伤害。[①] 这样,为论证的缘故,把断言的事全部承认了,现在再让我们考虑一下它是否就构成进行法律干涉的充分理由。

麻烦、痛苦和死亡,是大自然加于无知及无能的惩罚——也是矫正它们的手段。部分通过淘汰那些发展水平最低的人,部分通过使余下的人受到无休止的经验的磨炼,大自然确保既懂得生存的条件,又能够按照它们行事的人种的成长。要在任何程度上经由介入无知及其后果之间来中止这一磨炼,而不在相应的程度上中止进步,那是不可能的。如果人们变得无知和变得明智一样安全,那就不会有人变成明智的。一切倾向于使无知与明智处于同

① 使人蒙受这种伤害并不只限于庸医。在最近四年中(我在 1890 年加上这个注解)我曾有机会就诊于七位医生,七人中竟有六人使我受到伤害!

等地位的措施不可避免地要抑制明智的增长。那些要拯救无知的人们,使他们免受因相信庸医而招致灾祸的议会法令就是这样做的,因此是不对的。最好是让愚蠢的人遭受对其愚蠢的惩罚。对于痛苦,他必须尽其所能地承受;对于经验,他必须铭记在心,并在将来更加理性地行事。他的事例,对别人和对他自己一样,都将是一个警告。由于他多次得到这类警告,就必然会产生对于应避开的危险的相应的戒心。

假如我们设计者的计划能坚持下去,他们将使可怜的白痴充塞世界。他们将会给我们造成一种令人悲叹的人的素质——一种不断犯错误,又需要重新矫正的素质——一种永远趋向于自我毁灭的素质。呃,大自然的全部努力就是要摆脱这类的人——从世界上把他们清除掉以便为较好的人腾出地方。请注意有病的人是如何被对待的。两肺无能力履行肺的功能的肺痨病人,消化器官不能吸收充分营养的人,心脏有缺陷一用力就要衰竭的人,有任何体质上的缺点阻止适当完成生命所需条件的人,都在不断地死亡,留下那些适合于生来就适应气候、食物和习惯的人。甚至那些组织得不那么不完善,在平常环境中还能设法舒适地生活的人,也仍然是被不利影响首先夺去生命的人;只有强壮得足以经得起这些考验的那类人——即,只有对通常和偶发的生存需要都能相当好地适应的人,才存活下来。这样人种才能免于败坏。当然这一说法实质上是自明之理;因为事情的任何其他安排都是不可思议的。但这却是多数人很少给予注意的自明之理。如果说他们通常忽视它在身体上的应用,则他们还更少注意它在精神上的影响。可是它在两方面是同样确实的。正如坚持身体特性与环境之间的相适应一样，大自然也坚持精神特性与环境之间的相适应；根本缺陷在一个场合和在另一场合同样是引起死亡的原因。根据哲学的一般法则，必须把那些因自己的愚蠢、恶习或懒惰而导致丧失生命的人，与那些因虚弱的内脏或残废的肢体而牺牲的人归入同一类。前者所处的场合，和后者所处的场合一样，存在着一种致命的不适应；从理论上说，是道德方面的，智力方面的，还是身体方面的不适应，并不重要。这样不完善的人是大自然的失败，当发现他们是这类人时大自然就要把他们召回。他们和其余的人一道受到考验。如果他们完善到足以活下去，他们就确实活下去了，而且他们有理由活下去。如果他们不是完善到足以活下去，他们就会死亡，而且他们死亡也是最好不过的。无论这一法则的作用看起来有多么不规则——无论看上去像是有许多应该簸出去的糠皮被留下来，而许多应该留下来的谷粒却被扔掉了；可是适当的考虑必然使人人感到满意，因为平均的效果是为社会清除了在某一方面或其他方面有根本缺陷的那些人。

当然，只要这一过程的严酷性是由于人们相互间自发的同情而有所缓和的，它的被缓和就是适当的；虽然当表示同情而对最终的结果不给予任何考虑时，毫无疑问会造成损害。但是因此而产生的不利影响与如果不这么做所带来的利益是不相称的。只有当这种同情助长对公平的破坏时——只有当它产生一种为同等自由法则所禁止的干预时——只有当由于这么做，它在生活的某一特定的范围内中断体质与外界条件之间的相互关系时，它才造成纯粹的祸害。可是那时它就使自己的目的归于破产。它帮助了那些最不适于生存者的繁衍，因而阻碍了那些最适于生存者的繁衍——正如实际所做的那样，为他们留下的活动余地较小。它促使世界充满那些生活将给他们带来最多痛苦的人，并促使世界排除那些生活将给他们带来最多欢乐的人。它造成实际的痛苦，而阻碍实际的幸福。

现在我们转而考虑这些关于靠议会法令来改进我们的卫生状况的迫不及待的计划，对它们提出的第一项批判是，它们是不必要的，因为已经有一些有效的力量在起作用，从而使一切迫切需要的事情逐步完成。

我们时代的慈善家们，就像天生失明现在刚刚获得视觉的人看物那样，他们对要应付的祸害形成十分粗糙、十分夸大的概念。有些人，急切想启发他们的同伴，收集了表明无知达到可悲叹程度的统计资料，加以发表，使他们同类的热心家大为吃惊。另一些人钻进隐藏贫困的陋室，用关于他们所见到的描述震撼世界。再有一些人，把有关犯罪的消息搜集在一起，使仁爱的人因他们的揭露而面色严峻。于是，由于因这些揭露而产生的恐怖，人们不假思索地假定这些祸害近来变得更为严重了，而实际上只是他们变得对祸害更加留心而已。如果到现在为止，很少听到关于犯罪、无知和贫困的抱怨，这并非因为在过去的时代里这些状况分布得没有那么广泛，因为事实恰好相反；而是我们的先人很少想到它们，很少说到它们。由于忽略了这一情况，忘记了社会的祸害已经在逐渐被消除，许多人怀有一种不必要的惊惶，以为如果这些祸害不能即时消除，接着就会发生可怕的后果，他们怀有一种虚幻的希望，以为即时消除这些祸害是有可能的。

现在流行的关于改进卫生状况的感情就是这样的。我们有许许多多的蓝皮书、卫生部报告、社论、小册子和讲演，描述恶劣的排水设备、外溢的粪坑、疮痍满目的墓地、不洁净的水，以及低级住宅的污秽和潮湿。这样公布的事实被认为是在证明需要——或毋宁说是在要求——立法的干预。好像从来没有问一问，有没有任何改正的过程正在进行。虽然死亡率已经在逐渐降低，生命的价值在英国比在别的地方更高；虽然我们的城镇比以前任何时候都更清洁，我们自发产生的卫生安排比欧洲大陆现有的安排要好得多——在欧洲大陆，科隆的恶臭、巴黎的没有遮盖的排水沟、柏林的水桶[①]，以及德国城镇破烂的人行道，都表明国家管理起了什么作用；可是却有人硬要假定只有通过国家管理才能清除现存的对公共卫生的障碍。可以肯定，使我们城镇的下水道、道路、照明及自来水达到目前状况的原因并未突然消失。可以肯定，最近两三个世纪以来伦敦城市条件方面发生的改善有希望继续下去。可以肯定，自从"市政机关法"给予更大的便利以来已经完成了许多城市改进项目的公共精神，还会完成其他的改进项目。人们会认为现在比任何时候更少有进行干预的借口。现在已经做成了这么多事情；现在关于卫生的法律已经开始被人们普遍研究；现在人民正在改进他们的生活习惯；现在浴室的使用已经传布开来；现在禁酒、通风和适当的运动正在引起人们的思考——如果在现在进行干预，那肯定是历来所采取的最轻率、最没有理由的一项

① 在柏林，人们依靠放在市内某些地点的敞开的水桶灭火，这些水桶随时准备被拖到需要它们的地方去。〔自 1850 年以来一家英国公司已经把这一切都改变了。〕

措施。

那么想想看，在急于要通过法律为群众获得更有益于健康的住宅时，人们竟看不出已经开始的自然过程是最终能够成功的唯一过程！改善劳动阶级住房大都市协会正在为解决这个问题做一切可能做的事。它在努力表明，在明智的管理下，为穷人建造有益健康的住宅会成为有利可图的资本运用。如果它表明这一点，它就做了所有需要做的事；因为资本会迅速流入提供良好报酬的投资。如果它没有表明这一点——如果在充分试验以后，它发现这些模范住宅不能获利，那么议会法令也不会使情况好转。[①] 这些计划要使良好的通风成为必不可少的；坚持要有自来水，并确定自来水价格，正如莫佩思勋爵法案所要做到的那样；要在空房屋重新住人前进行彻底清扫，并由房主承担检查卫生状况的费用：这些强迫房东以同样的钱提供增加的便利的计划只不过是那个"三道箍的盆应有十道箍"的老提案的翻版而已，而且也正是同样不能实现的。试图实行它们的第一个结果将是减少房主的利润。如果投资于房屋的资本的利润不再是这么高，资本就要寻找别的投资机会。房屋的建造将不会与人口的增长保持同步。因此每一幢房屋住户的人数将会逐渐增加。房屋与居住者的比率的这种变化将要继续下去，直到对房屋的需求把房东的利润提高到原来的水平，直到由于过分拥挤又产生了与老的卫生方面的祸害相类似的新的祸害时

① 我本该说议会法令只能通过造成别的祸害来消除人们所抱怨的祸害；但是在那时还没有人梦想到社会主义的进展会这么迅速，以致 40 年后市政府会使纳税人支付劳动阶级住房的部分房租；因为通过发行公债向他们提供比他们能由别的方式得到的更好的住宅，就正是这样做的。

为止。[①] 假如通过建造更大更高的房屋，能够在地租、外墙和屋顶成本方面获得这样的经济效果，以致可以用与现在相同的费用安置更多的人（很幸运这点似乎是可能的）；那么像前面所说过的那样，需要加以证明的只是这一事实：寻求投资机会的资本的竞争将会做可以做到的一切；假如不能够的话，那么相信立法的强制会使事情变得更好，就和相信立法的强制会确定面包价格和工资比率一样。

让那些急切想要通过间接的法律机器来改善穷人健康的人

① “大都市建筑法”实际上曾经造成了这类结果。这项法令一方面在较好种类的房屋方面引进了一批改良（虽然完全未达到原来预期的程度，因为检查官受到贿赂，此外他们为检查每一细微的变动都索要的费用，起了对改进课以罚款的作用）；另一方面却正是在原来打算给予利益的地方造成了更多的祸害。据一位建筑师兼检查官讲，这项法令是按下述方式起作用的。在劣质房屋所在的伦敦的那些地区内——那些房屋是按照“新建筑法”要加以改进的不坚固的式样修建的——可以得到的平均租金，足以使其房屋很经济地建造于“新建筑法”通过之前的房东们获利。这现行的平均租金把在这些地区同样住处——即同样数目房间的新房屋所必须索取的租金固定下来，因为对于为之建造这些房屋的人们来说，他们并不欣赏住在用铁箍砌合加固的墙壁内的额外安全保障。现在经过试验，结果是根据目前的规定建造的房屋，按这既定的价钱出租，根本不能带来合理的利润。因此，建筑商人已经限于在较好的地区盖房屋（在那里有可能与原有的房屋进行有利可图的竞争，这表明那些原有的房屋也是相当坚固的），而且除了在不存在紧迫的卫生祸害的郊区外，已经停止为群众盖住宅。于是在上述较差的地区，导致过分拥挤的现象增加了：六七家住一幢房屋，一间房住二十来人。不，结果还不止于此。这些贫民住宅被听任陷入那种可悲的破烂状况，是由于缺乏新房屋的竞争。房东们发现他们的房客不会因别处提供较好的设备而被引诱搬走。修理，既然为获得最大数额的利润所不需要，也就不进行了。甚至在增设一个烟囱管帽时，检查官也索要费用，这就成为什么也不做的现成的借口。这样，“新建筑法”在并不大需要改进的地方导致了一些改进，而在需要改进的地方却没有导致任何改进，相反却造成了比它原要消除的那些祸害还更坏的祸害。事实上，我们的卫生方面的鼓动家们现在试图用法律来医治的十分可怕的现象，大部分要归功于这同一学派的先前的鼓动家们。

们,把他们的热情直接用到应该做的工作上去吧。让他们诉诸人们的同情心,再诉诸他们的利益吧。让他们说明,由于改善劳动者的健康,他们的生产能力将会增加,而济贫税将会减少。最重要的是,让他们要求撤除现行立法为改善卫生所设置的障碍吧。[①] 这样引导他们的努力将会真正促进进步。然而如果像现在那样引导他们的努力,则要么是不必要的,要么是有害的。

在这一场合,和在许多其他场合一样,被奇怪地称作"实用措施"的特色是,它们把很有效的力量用不一定很有效的力量来加以代替。一般说在英国,特别在伦敦,人们严厉指控下水道、化粪池、防臭瓣等等设施不好用。证据是大量的、有说服力的,并根据人们的共同看法,作出了证据确凿的裁决。公民们脸色严峻,决心为此向议会请愿。议会允诺考虑这问题;在经过通常次数的辩论以后,议会表示:"让我们设立一个卫生委员会。"于是请愿者们高兴地搓着手,期待着发生重大的事情。他们头脑简单得无以复加——这些善良的公民!立法可以接连使他们失望 50 次,却根本不会动摇

① 在废除砖税之前,《建筑者》杂志撰文说:"据推测以每周 2 先令 6 便士或 3 先令出租的住宅,其成本的四分之一是由于地契的费用和建造时所用木材及砖的税。当然这种财产的所有人必须得到酬报,因此他索取每周 7 个半便士或 9 便士来补偿这些负担。"改善劳动阶级住房协会干事 C. 加特利夫先生描述了窗户税的效果,他说:"他们现在为他们设在潘克拉斯街的机构支付总数达 162 英镑 16 先令的窗户税,或每年支付原费用的百分之一。协会的房客所付的平均租金是每周 5 先令 6 便士,而窗户税每周要从其中扣除 7.25 便士。"——晋见阿什利勋爵的代表团,见《泰晤士报》,1850 年 1 月 31 日。W. 沃勒先生——一位裁缝店老板——说:"我最近在车间的烟囱里安装了一个阿诺特博士的通风机,没有想到我竟然会招致我们地区的检查官巴杰尔先生的来访——向我要 25 先令的检查费。"《纪事晨报》,1850 年 2 月 4 日。

他们对它的效率的信心。他们曾希望教会的弊端会被教会委员会改正:可怜的助理牧师们可以说一说这一希望是否实现了。在一项议会法令的支持下,济贫法委员会的委员们应该已经消除了身体强壮者的贫困状态:可是,直到被最近的繁荣遏制以前,济贫税却一直迅速上升到过去的水平。"新建筑法"原来要给伦敦人民较好的住宅;然而正如我们最近看到的,它却使最需要改进的住宅变得更糟了。人们对于用噤声系统或隔离制度来改造罪犯是乐观的;可是如果我们从它们各自的倡导者的争论来判断,这些计划都不是十分成功的。贫民的子女原应通过工业教育变成良好的公民;可是来自各方面的报告说,他们当中有很大一部分人进了监狱,或变成娼妓,或回到了济贫院。1840年通过的种痘法所规定的措施原来是要消灭天花;可是户籍总署署长的报告表明,因患天花死亡人数却一直在增加。然而对于立法者们有能力做他们打算做的事,好像几乎没有什么人产生怀疑。从他们试图规定货币价值的时代,直到他们刚刚放弃管理谷价企图的今天,政治家们一直在承揽一切种类的事情,从规定靴尖的样式,到如何为人们上天堂做准备;而且他们不断失败。可是人们有着这样无穷无尽的信心,以至虽然他们看到了这一点,虽然他们每天听到关于政府部门干蠢事的消息——海军部每年浪费300万建造糟糕的船只,又把它们拆毁;林木委员会的委员们连他们管理的地产的租金总额都不清楚;办事草率的间接税务局的化学师使他们的长官卷入失败的起诉,为此不得不付出赔偿;然而政府只消宣布另一个好像有道理的计划,人们马上又抛起他们的帽子欢呼,满怀信心地期待得到被允诺的一切。

但是不需要完全依靠抽象的思考或我们关于一般国家机构的经验，我们就会相信卫生部或类似的机构永远也做不成希望做成的事情。这些组织中有一个正在运行，根据目前可以判断的，它还没有做出任何符合人们期望的事。如果因为堵塞的阴沟、敞开的阴沟集水孔和肮脏的小巷仍然和过去一样而对它进行谴责，也许是不合理的；因为要纠正这么普遍存在的祸害是需要时间的。但是我们可以通过一项检验来公平地估计它的效率，那就是，它在最近一次瘟疫以前及其期间的行为。它有一年多的时间察觉霍乱正在传过来。在预见到这疫病第二次侵袭的时间和死亡率达到最高峰的时间之间，隔着议会的两个会期。因此，卫生部有充分的机会去使用它的权力，或者去获得更大的权力——如果它需要的话，那么，可以期望它采取的第一个步骤是什么呢？我们岂不应该说是禁止在市内埋葬吗？把死人埋葬在活人中间显然是有害的；这种习惯伴随的祸害是得到普遍承认的；要制止它几乎只需要简单地运用权威。假如卫生部相信它自己拥有足够的权威这样做，为什么它不在传说这流行病要出现时就使用这一权威呢？假如它认为它的权威还不够大（回想它最终做的事，这几乎是不可能的），那么它为什么不去取得更大的权威呢？它不是采取这些步骤中的任何一种，却忙于考虑未来的供水方式，设计污水排水系统。当霍乱迫近时，卫生部却在考虑最乐观的人也不能期待在今后若干年内会带来任何较大利益的改良。然后当这敌人扑到我们身上时，人们寄予信任的这位保护人突然忙碌起来，做了使原应被消除的祸害一时变得更严重的事情。正如在霍乱流行的高峰期间举行的一次医学会议上，一位发言人所说的："公共卫生委员们采取了正是有可能引起这种怨言的手段。他们不是在几年前采取措施，而是在现在做出种种令人憎恶的事情。他们取消了垃圾堆和化粪池，给已在燃烧的火加上十倍的油。（说得对，说得好。）从他能够记起的时间以来，从没有像自城镇卫生委员会企图净化空气以来积累这么多可恶的臭气。（大笑，说得对，说得好。）”最后，当尽管做了这一切（或者，也许部分是由于这样做的结果），死亡率继续上升时，作出了关闭坟场的决定；我们不得不设想，这是希望死亡率会由此而得到遏制。似乎当已有几十万尸体在腐烂时，停止再增添尸体就会立即产生可以看得出的效果！

即使国家的力量能够为我们的城镇造就最完善的卫生条件，归根结底，保持我们的现状还是比通过这类手段获得这种利益为好。甚至为了伟大的值得想望的东西也完全可能付出过高的代价。不论良好的身体健康可能多么有价值，当以放弃精神健康进行交换时，换取它的代价就太昂贵了。谁要是以为政府什么也不要，或只要花费更多的捐税，就能够提供卫生方面的利益，那他就大错特错了。必须为它们既付出捐税也付出人格。

让我们再一次记住人们并不能创造力。他们所能做的一切是利用已经存在的力，使用它来努力实现这个或那个目的。他们不能够增加它；他们不能够从它那里得到比它应有的效果更多的东西；而且他们为做一件事把它花费了多少，为做其他一些事就必然要缺乏多少。因此以下事实现在已经成为公认的原理：我们称之为化学亲和力、热、光、电、磁和运动的事物，全是同一原始的力的表现——它们可以互相转化；而且——作为一项推论——在任何形式下获得的这种力，都不可能超过它在先前形式下的量。对于在社会中起作用的力，这一点也是同样真确的。把目前造成某一结果的力量，转移去造成另一结果，是完全可能的。但是你不能使它变得更多，你也不能白白地得到它。正如这件特殊的事会做得好多少，另外一件事必然要做得差多少。

或者，把例证改换一下，把社会看做一种有机体，我们可以说，人为地为了更加活跃地履行一项功能而用尽社会的活力，又不削弱用来履行另一项功能的活力，是不可能的。只要对社会放任不管，它的各种结构就会以适当的相互从属关系持续发展。如果其中某些结构很不完善，在效率方面没有作出可见到的进步，那是因为还有更加重要的器官也同样不完善，因为这些更重要的器官的成长意味着停止其他方面的成长。还可以肯定，每当为了更好地履行任何一项功能，或为建立某一新的功能，发生特殊需要时，大自然就会作出反应。证明这点的例子是：增加从事特殊制造业的城市和海港，或组成有限责任公司。对某项一般消费商品的需求有所增加吗？生产这种商品的组织立即就会变得更加活跃，吸收更多的人员，开始扩大，并更加大量地生产。如果通过在任何特殊的方面制造提早的发展来干预这一过程，就会不可避免地引起其他什么地方相应的衰退从而打乱组织的适当平衡。在任何特定的时间，社会的活力总量是固定的。因为这种活力依靠人们已经获得的对合作生活的适应程度而定——依靠他们能够作为社会有机体的成分结合起来的效率而定，我们可以完全肯定，当人们的品质保持不变时，任何事物也不能增加社会活力的总量。我们也可以肯定，这总量只能产生与它相当的效果；任何立法者也不能由它获得更多东西，虽然由于浪费它他们也许会获得更少。

在讨论济贫法和国民教育时，我们已经详细考察了使这些要成倍增加效果的企图受到挫败的各种反作用。在卫生管理这一事例中，也可以找到一种类似的反作用，除在其他方面外，它也在使要求群众事业心的社会进步受到抑制方面显露出来。

假如要求关于这一点的证明，从英国人生气勃勃和欧洲大陆人缺乏自助能力的对比中就可以找到。英国工程师们(曼比-威尔逊公司)在一家法国公司失败之后，在巴黎建立了第一家煤气工厂；全欧洲许多煤气工厂都是英国人建造的。一位英国工程师(米勒)在罗讷河上引进了汽轮航行；另一位英国工程师(普里查德)在法国人和德国人失败之后，成功地用汽轮上溯多瑙河。卢瓦尔河上最初的轮船是英国人(福西特和普雷斯顿)建造的；佩斯的大吊桥是一位英国人(蒂尔尼·克拉克)建造的；一位英国人(维格诺尔斯)现在正在第聂伯河上建造一座更大的吊桥。许多欧洲大陆的铁道曾经请英国人做顾问工程师；尽管在弗赖堡有著名的矿业学院，沿莱茵河的几处矿田却是由英国资本用英国技术开发的。那么这是什么缘故呢？为什么我们的公共马车如此优于我们邻人的法国公共马车和德国公共马车？为什么我们的铁路系统发展得快这么多？为什么我们的城镇排水较好，道路较好，供水较好？比起北欧的姻亲国家，我们原本并没有更大的机械方面的才能，也没有更大的要求进步的愿望。要说有什么差别的话，我们在这些方面倒是比较欠缺的。在生活艺术上早先的改进都是由国外输入的。我们的丝、毛制造业的最初都来自国外。伦敦最初的自来水设备是由一位荷兰人设计的。那么，我们现在把这种关系颠倒过来是怎样发生的呢？显然变化是由于不同的训练。由于曾经比别人在较大程度上被允许管理自己的事务，英国人民变得依靠自己，并获得了很大的实际能力。相反，欧洲受家长式统治的民族比较缺乏自助能力——上述事实对此作了说明，莱恩（在他的《一个旅行者的笔记》中）和其他观察家对此作了评述——这是国家监督政策的一种自然结果——是伴随官方机构的行动出现的反作用——是与某种人为的过度发展相一致的衰退。

伴同现在争论的原则，还留下一项明显的困难需要注意。假如由国家管理卫生是错误的——因为它意味着扣除一个公民的财产超过了为维持他的权利所必需的数量——那么因同一原因由市政当局管理卫生也是错误的。无论是由总的政府或地方政府为排水、铺路及照明征收强制性的捐税都是不能接受的，因为它间接使立法保护比必需的更昂贵，或换言之，把它变成了一种对权利的侵犯（本书第 121 页）；假如真是如此，那么就可以说：过去的、现在的或建议采取的确保城镇卫生的方法都是不公平的。

这似乎是一个令人困惑的结论；可是，因为是由我们的一般原理推断出来的，我们别无选择只能接受它。街道和庭院应该如何合理地保持整洁还要留待考虑。关于污水不会有什么困难。房屋可以按它们现在供水的同一商业原则很容易地进行排水。如果由私营公司管理，排污所产生的肥料有可能不仅能够支付收集污物的费用，而且会产生可观的赢利。但是如果不能获利，投资资本可以通过向排水房屋的那些屋主收费而取得报酬；不交费就切断它们同主要阴沟的联系将是付款的有效保证，正如自来水和煤气公司拥有的类似保证一样。[①] 铺设道路和照明可以适当地由房主来管理。假如没有提供这类便利的公共设施，房主们会很快发现提供它们是对他们有利的。有些投机的建筑团体树立了在这方面进行改良的榜样，剩下的就会由竞争去做。当有人提供较好的方便设施时，门前没有人行道，而且没有灯为房客照亮大门的住宅就会空着。这样道路和照明变成了必需，房东们就会联合起来以便更经济地提供它们。[②]

有一种反对意见认为，个别房东的性情乖僻和某些人想不公平地占别人便宜的愿望，会使这样一种安排无法实行，对它的回答是：在新建的近郊的街区内，还没有由当局管起来，这样一种安排已经在很大程度上实现了，而且如果不是因为意识到它只是临时性的，还会实现得更好。此外，即使事实表明这样一种安排目前还无法实行，也不能够引出相反的结论。个人自由也曾一度是无法

① 在写这一段时(1850 年)我还不知道已经存在一个很有说服力的例证。6 年之后我听切尔腾纳姆的检查官(那时是 H. 丹杰菲尔德先生)说，在该镇成为法人组织之前，已经成立了一个公司进行该地的排水工程。这个公司对它的资本支付 7%的利润！

② 只是在最近(1890 年)我才知道一些事例表明：如上面所说的，城镇的照明在缺乏市政管理时，完全可以由私立机构来实现。没有任何地方政府的行动，煤气的生产和分配也切实可行，这的确是一件人所共知的事实；虽然假如这一便利设施的完成曾被一直拖延到城镇议会用纳税人的钱承担起来之后，那毫无疑问是因为人们曾认为不能用任何别的办法去完成。但是有证据表明：私营企业不仅能够向城镇居民供应煤气为户内消费之用，而且也能够建立并维持户外照明。1862 年，在皮尤西——威尔特郡一个不到 2,000 人的小地方——建立了一个煤气公司。它的主要业务一直是向私人住房和店铺供应煤气，但也经营街道的照明：由最重要的那些居民的自愿捐款来支付这项业务。曾经由于这一事实发生过一些困难：在这么小的地方，认捐者住在远离该地之外，他们由照明获得很小的利益，却负担住在该地的人们的很大比率的费用；这些困难在稍大的城镇是不会发生的。虽然公司只付 2%的红利，可是红利之小显然是由于该厂和管理部门的费用与利润相比所占比例太大，而这地方的业务量又这么小。

实行的。代议制政府曾一度是，而且在许多国家现在仍然是无法实行的。正如我们多次指出过的，能否认识人们的权利是与人们变成合乎道德的程度相称的。受同等自由法则支配的组织尚未充分实现，并非它不完善的证明，而只是我们自己不完善的证明。而且，正如通过减少我们的不完善，适应的过程已经使我们适合于曾经对我们来说是过分良好的制度，它也将继续使我们适合于现在对我们来说可能是过分良好的其他制度。

货币、邮政及其他

货币与政府曾经这么经常地联系在一起，立法者对货币制度的控制曾经是这么普遍，人们已经把这种控制这么完全地看做一件理所当然的事；以致几乎没有任何人似乎想问一下假如把它废除会产生什么结果。也许在任何事例中国家监督的必要性都没有得到这么普遍的臆断；在任何事例中否认这种必要性都不会引起这么大的惊讶。

很明显如果不颠倒国家的职责就不能制定干预货币的法律；因为无论禁止发行或强制接受某些纸币或硬币来偿付其他东西，都将是侵犯交易的权利——将是阻止人们达成他们不然就会达成的交易，或强迫他们达成他们不然就不会达成的交易。如果我们的一般原理包含真理的话，这样做必然是不策略的，也是错误的。作出这样推断的人同样不会被欺骗；因为可以表明这类命令不仅是不必要的，而且是有害的。

任何社区对货币的安排，像它的大部分其他安排一样，最终依靠它的成员的道德。在完全不诚实的人中间，每一笔商业交易都必须用硬币或货物来进行；因为付款的承诺根本不能流通，在那里，根据假设，承诺没有任何可能会被履行。反之，在完全诚实的人中间，单只纸币就会成为流通的媒介；鉴于这种人当中没有一个会承诺支付多于他的财产所能够提供的，在一切场合对于接受付款的承诺都不会有任何踌躇；金属货币是不必要的，除掉提供衡量价值的名义上的数额。因此显然，在人们既非完全不诚实也非完全诚实的中间状态，将会存在一种混合货币；纸币对硬币的比率将视个人相互间的信任程度而异。似乎无法逃避这一结论。欺诈愈是盛行，卖方只为换取与其实际价值相等的东西才肯出让货物的交易数目也就愈多；那就是说，需要硬币的交易数目就愈多，金属货币就愈加占压倒的重要地位。另一方面，人们愈普遍地发觉彼此值得信任，他们就愈加经常愿意接受用纸币、汇票和支票付款；需要金、银的场合就愈少，金、银的流通量就愈小。

这样，当一种货币被放任不管时它就会自我调节，法律并不能改进它的安排，然而却可能，而且的确经常不断地扰乱它们。国家应该强迫每一个承诺付款的人——无论他是商人、私人银行家，还是股份银行的股票持有人——充分履行他所承受的责任，这是十分正当的。可是这样做只是为了维护人们的权利——为了主持正义，因此在国家的正常职责范围之内。而做比这更多的事——限制发行，或禁止低于某一面额的纸币，就是不公平，也是有害的。因为限制纸币的流通使其总额低于它不然就会达到的数额，不可避免地要使硬币的相应增加成为必须；而因为钱币是搁死的资金，国家不能由它获得利息，它的不必要的增加就相当于增加了一种数额与损失的额外利息相等的捐税。

此外，即使在这类限制之下，人们仍然必须主要依靠彼此的信用和开明的利己心；因为只有要求银行家在他们保险柜里保持足够的硬币来兑付他所发行的全部纸币，才能给予纸币持有人以完全的保障；而这样的要求就是要消灭发行钞票的动机。还应该记住，甚至在现在，我们纸币的较大部分还是完全没有保证的。而对于流通中的汇票[①]——它们所代表的债务为钞票所代表的三倍——根本没有实施任何管理。而对于这些汇票的信用，不存在任何特别的保障，而且对于它们的成倍增加，除掉上面说到的自然限制——人们认为可以安全地相互给予的信任——而外，并没有任何限制。

最后，我们有完全可以说明问题的经验。一方面在英格兰，银行业曾经一直是受到管制的，时而通过给英格兰银行以特权，时而通过限制银行合股，时而通过在特定范围内禁止银行发钞，时而通过限制发行的数额——“我们从来没有接连许多年，不在特定时期流行的爱好和理论的支配下制定某些新的法律、新的规则”[②]；而且“由于不断的干预，我们使公众舆论和银行家自身的经验不能按照最好和最安全的道路去改变和塑造他们的业务”[③]；另一方面，在苏格兰，曾经有几乎两个世纪存在一种完全无管制的制度——一种在货币方面完全的自由交易。这样比较的结果如何呢？苏格兰在安全保障和经济两方面都占了上风。在安全保障方面的获益可由在苏格兰银行倒闭的比例远远低于英格兰这一事实而得到证明。虽然“在苏格兰从未由法律对任何银行发行钞票进行任何限

① 汇票虽然从字面上说并非货币，但它在许多场合用来进行否则就得用货币来进行的商业交易，在这个范围内它履行了货币的职能。

② 《资本、货币与银行》，议员詹姆斯·威尔逊先生著。

③ 同上。

制，然而在实际上，任何不可靠、不安全的钞票要获得流通一向是不可能的。”[①]因此，在一个场合的自然保证比在另一场合的立法保证一直更有效率。在经济方面的获益由下面的事实得到证明：苏格兰以3,500,000英镑的货币流通经营它的商业，而在英格兰流通数额是50,000,000到60,000,000英镑；或者说，扣除人口差异的影响，英格兰需要的货币比苏格兰多3倍。

因此，当我们发现，根据一种先验的理由可以推断说，在任何特定社区内纸币与硬币之间将自然地维持适当平衡时；当我们又发现我们自己的纸币流通中的四分之三是自我调节的，而对其余四分之一的限制招致了资本无用的投入时；当我们进而发现事实证明自我调节制度更加安全也更加便宜时，我们可以公平地说，正如上面说过的，立法干预不仅是不必要的，而且是有害的。

假如国家承担起对货币的调节时就要发生祸害，那么，当国家成为银行家时，也要发生祸害。诚然，发行钞票并不犯任何直接违反职责的错误；因为仅仅把付款的承诺让渡给将要接受钞票的人，既不需要侵害人们的权利，也不需要为不合法的目的提高捐税。假如国家只限制于发行钞票，并不会引起损害；但是当它——如在实际上那样——使它的钞票，或者毋宁说，使它的代理人的钞票成为法定货币时，它就既违犯了同等自由的法则，也为在别的情况下不可能发生的滥用职权打开了门户。既然制定了法律，规定它的代理人的付款承诺应被接受来偿付人与人之间的一切债权要求，

① 《资本、货币与银行》，议员詹姆斯·威尔逊先生著。

那么，当时机成熟时，很容易接着就是进一步制定法律，规定这些付款承诺应被接受来偿还一切对它的代理人的债权要求。做到这一步，就会毫无困难地背上更多的债务，因为它们都可以用纸币来清偿。纸币继续无限制地发行，随即贬值，这种贬值实质上就是没有得到人民同意而强征的额外的捐税——这种捐税，如果直接征收就会使人们认识他们国家开支的挥霍无度，并谴责造成这种状况的战争。那么，鉴于假若没有任何钞票会因为议会法令而成为不可兑换的，贬值及其伴随的祸害就决不能够发生；又鉴于除为了国家经营银行业的目的而外，决不会存在任何使钞票成为法定的不可兑换的动机；就有充分理由认为国家经营银行业是有害的。如果有人辩称：由于经常提供没有其他具有同等信用的钞票所能替代的价值数百万英镑的钞票，国家经营银行业对于它所带来的偶然的祸害是可补偿而有余的；对此的回答是：假如英格兰银行没有与国家的任何联盟关系，[①]它的钞票仍然会像现在那样广泛流通的，只要它的所有人继续关心（这种关心如此经常地表现在每半年的会议上），使他们的资产始终比他们的负债多出 300 万英镑以上。

在与货币的关系方面，政府通常还具有一项第三职能，即，作为钱币的制造者。人们承认在理论上政府可以从事在金条上打印记的业务而并不必然颠倒它的适当职能。可是，实际上，政府永远不能这样做而不附带地违法。由于阻碍它在其他行业与私人

① 联盟关系表现在这方面：根据银行贷给政府一笔 14，000，000 英镑的经常性借款而取得的信用，银行被准许在该数额内发行钞票（不包括依据其他担保发行的钞票），因此在这笔借款的限度内，钞票实际上有了政府的担保。

进行有利可图的竞争的相同原因，也必然阻碍它与他们在这方面进行有利可图的竞争——调查一下造币厂的管理情况就足以证实这一事实。假如是这样，政府只有通过禁止其他一切人制造钱币才能不蒙受损失地制造钱币。可是这样做，它就要以通过任何其他行业限制的同样方式减少人们的行动自由——简言之，就要犯错误。而最终，由于这样做违反了同等自由的法则，使得社会不得不为它的金属货币付出比在其他情况下需要付出的更大的代价。

也许大多数人会认为只有通过国家造币厂才能阻止伪造货币广泛传播。但是作这样设想的人忘记了在一种自然制度之下也存在和目前一样的对这类祸害的防范。把假币同真币区别开来这么轻而易举，是杜绝伪造货币的根本保证；这种保证在那时也会和现在一样有效率。此外，仍然可以提供因惩罚把假币投入使用者而产生的任何增加的保障；因为把"用欺诈手段"付给伪劣货币以获取商品的人绳之以法，这是国家职责范围之内的事。如果有人辩称，在没有立法规定的情况下，就没有什么可以阻止铸币人发行各种面值、各种成色的新铸钱币，那么回答是：只有当这样做能得到某些明显的公共利益时，一种不同于目前流行的钱币才能进入流通。假如现在准许有私人造币厂，它们的所有人将不得不铸造和现有的一样的金币，因为任何别的式样都不会被接受。对于大小和重量，将会像现在一样用标准量度和天平来检验（而且暂时会十分小心）。对于成色，将会由其他铸币人的仔细查看得到保证。每当出现最小的理由使他们认为彼此发行的钱币低于规定的标准时，进行竞争的厂商将会对它们进行检验分析，假如证明他们的怀疑是正确的，就会很快找到一些方法把信息传布出去。只要有一件被暴露和随之引起破产的案例，大概就会永远阻止使成色低劣的钱币流通的企图。

许多读者，虽然对这些推理还没有准备好明确的答复，但仍然怀疑它们的正确性，这不是不可能的。现行的货币制度——表面上是由国家维持运转的实际运行的制度，会因撤销国家的管制而获益：这种看法在大多数事例中用最强有力的论证也无法被人们接受。而在这一事例中，习惯会使人们产生偏见，正如在另一事例中它使法国葡萄种植者产生偏见一样：他们长期以来接受国家委派的当局关于在何时开始收获葡萄的指令，相信这种指令是有益的。已经实现的事实比想象出的事实对于我们的影响力要大得多，以致假如面包的烤制与销售曾一直由国家代理人经营，那么由私营企业供应面包大概将几乎不会被认为有可能，更不用说是有益的了。然而贤明的自由贸易论者，记得习惯对信仰的这种效力；记得错误地把立法管制当作必需的例子多么数不胜数；记得正是在货币这一问题上，人们曾经认为有必要“采取最严厉的措施尽可能多地把外国的金条带进国内，而阻止任何金条流出”；记得那种干预，和别的干预一样，已经怎样被证明不仅是不必要的，而且是有害的——由于他们记得这一切，贤明的自由贸易论者将断定，在目前的事例中立法管制也是对社会有害的。把货币交易看做一般规则的一项例外的理由对他来说无足轻重；因为他将记起为限制各种交易提出的同样理由已经被结果证明是错误的。反之，他将得出结论：正如尽管有种种预言和相反的表面现象，交易的完全自由在其他事例中一直是有利的，因此，尽管有相类似的预言和相反的表面现象，在这一事例中它也将是有利的。[①]

不久前我们在谈论在金条上加盖印记时所说的话，可以在谈论运送信件问题时在此重述一遍：它在本质上并不与国家的职责相违背。因为抽象地说，它并不需要侵犯人们的权利——无论是直接地，还是通过为非保护性的目的而征收捐税。可是，正如我们发现有理由认为政府不能继续制造钱币——除非它阻止私人做这同一件事，我们也将发现有理由认为，它将要停止递送信件——如果它不禁止竞争的话。倘若这一点成立，那么政府若不颠倒它的基本职能，就不能承担邮政方面的职责。

假如给予机会，私营企业将会在这方面取代国家机构，关于这一点的证据，不仅可以从我们关于政府作为制造者、商人、商业经

① 对上节作出的结论，W. 斯坦利·杰文思教授在他的著作《货币与交换机制》中曾提出疑问。他辩论说，在这一事例中，不能依赖消费者的判断力去维护质量，因为消费者接受货币并不是为了保持它，而是为了把它传递出去，因此他对于超过使他能把它传递出去的更良好的质量并不感兴趣。他表述了曾被称为格雷欣法则的看法，“劣币驱逐良币，而良币不能驱逐劣币”。但是这忽视了下列事实：在达到某一点之后，由于磨损（他认为这是货币贬值的原因）而造成的贬值会妨碍已贬值货币的流通；因为，由于银行在接收磨损厉害的钱币时时常要打折扣，而且由于商人们知道这一点后，常常拒绝接受磨损厉害的钱币，于是产生了对低劣钱币流通的抗拒，使它不能如断言的那样驱逐良币。可是我自己对这问题没有很多研究，我主要依靠一位肯定不低于杰文思教授的权威，即已故的沃尔特·贝奇霍特先生，他作为银行家，《经济学人》杂志的主笔，以及关于金融事务的写作家，是一位特别称职的仲裁人。在他逝世前不久，我曾向他提到杰文思教授的论证。他不同意这论证而同意我的看法。他做的还不止于此。他表示意见说，假如不存在对私人铸造钱币的禁令，罗思柴尔德家族就会在这之前很久稳定地发行了一种普遍性的钱币！如果他这一想法是对的，那么国家对铸造钱币的禁令曾使人类遭受的损害该有多么巨大啊。假如让事情按其自然的路线发展，那会免除了多么巨大数量的劳动和损失啊！

理能力低下的一般经验，而且可以从对这问题有直接关系的事实推断出来。例如我们一定记得，我们的邮政制度实际上达到的效率并非由于它处于政府管理之下，而是由于来自外界的压力。改革是强加于当局的，而不是由当局主动实行的。邮车制度是一位私人建立并在一段长时间内由他管理的，是在官方的反对下生存下来的。罗兰·希尔先生创始的改革曾遭到强烈的抵制；而且据普遍报道，甚至现在官方的固执还在阻止他的计划全部付诸实现。然而，鉴于商业的冒险精神不但随时准备，而且急切要去满足社会的需要，因此很可能在事情的自然状态下，现代邮政的改进措施，即使没有先发制人地予以实行，也会已被欣然采用。假如有人声称，私营企业从事这么巨大的事业将是难以胜任的，那么回答是已经有大批类似性质的组织，它们运行得很好。我们的大的运输业机构遍布整个王国；我们有一家包裹投递公司其活动范围和伦敦地区邮政同样广阔，而且完全同样有效率。甚至现在私营传播信息的机构，在凡是准许和公营机构竞争的地方，都胜过了它们。我们每日报纸的外国快递一概先于政府的快递。一篇皇家讲话的抄件，或一项关于重要表决的声明，由报纸传遍全国，其速度超过邮局曾经达到过的速度；如果在信件的盖戳和分拣中表现了有效和迅速，那么议会报道的有效和迅速则远远地超过了它。此外，很多邮政业务本身已经由铁路公司和轮船公司的私营代理机构来经营。不但我们的国内邮件是根据合同递送的，而且几乎全部的我们的国外邮件也是如此；在由政府递送邮件的地方，邮件是以很大的亏损递送的。要证明这一断言，只消引述下面的事实：半岛和东方轮运公司提出为我们提供每月一次与澳大利亚的直接通信；每月两次从南安普敦到亚历山大的通信；每月两次从苏伊士到锡兰、新加坡和中国的通信；每月两次从加尔各答到新加坡和中国的通信；还加上经营苏伊士与孟买间每月两次的业务；全部花费只与后面一项业务（从苏伊士到孟买）现在花去印度政府和大不列颠政府的钱相等！

那么，如果公共信件递送曾经不顾官方的反对，由于私人的深思熟虑、进取心和紧迫要求达到了目前的效率；如果类似我们的邮政组织的组织已经存在并运行得很好；如果作为用非邮政方式传送信息者，商业团体一概胜过国家；如果邮政业务本身很多是由这一类商业团体来经营的，而且也是在最大的规模上，并且做到了由国家经营它时所无法相比的更大的节约；那么就完全有理由得出结论说，假如它曾被准许，商业企业会创造出与我们现有的信件递送系统同样有效率的系统——如果不是更有效率的话。诚然在达到这样一个结果的道路上，还存在许多障碍。但是并不能因为现在几乎还不可能发现我们越过这些障碍的方法，就随之推断它们是不可克服的。有物质方面的发明也有精神方面的发明。情况经常是这样的：最终实现某种社会愿望的手段，正如一代人的机械设备几乎不能为前一代人所预见到一样，也是很少能预见到的。铁路票据交易所就是一个例子。因此期待在社会需要的压力和自我利益的刺激下，令人满意的应付所有这类困难的方式将会被发现，并不是太过分。

可是，在这问题上可能仍然存在的任何怀疑，和我们的一般原则并不冲突。很清楚，由于禁止私营递送信件机构而加于商业自由的限制，是对国家职责的一种违背。同样清楚的是：假如废除了那一限制，一种自然的邮政制度最终将会成长起来，它在效率方面可以超过现有的制度。另外，也很清楚，假如它不能超过现有制度，后者就会理所当然地继续下去；因为，正如最初所说的，国家执行邮政职能在本质上并不与执行它的基本职能相违背。

由政府去完成通常被称为公共工程的设施，如灯塔、避风港等等，意味着——实际也如此——为保护人们权利不受国内外敌人侵犯以外的目的而征收捐税，因此它和国民教育制度或宗教机构一样，是我们关于国家职责的定义所禁止的。这一不可避免的结论实际上也并不是令人为难的结论；尽管乍一看来它多么像是这样。现在满足社会上这些较小需要的机构，并不是满足它们的唯一称职的机构。凡存在一种需要之处，也就会存在一种满足它的冲动；这种冲动最终肯定会产生行动。在目前这个事例中，和在其他事例中一样，凡对整个社区有益的事，都会变成社区某一部分人要去完成它的私人利益所在。既然这种私人利益曾经是道路、运河和铁路的极有效率的提供者，那就没有任何理由说它不会成为避风港、灯塔及一切类似设施的同样有效率的提供者。即使没有一些阶级的私人利益会因完成这一类工程而明显地有所促进，我们也仍然可以为这个结论辩护。可是的确有这类阶级。船主和商人们有着直接的、始终警醒的动机要去减少航行的危险；假如不是习惯教导他们去寻求国家的帮助，他们自己就会迅速联合起来去建立防护物。或者很可能，一个由若干海上保险公司（它们本身就是由自我利益产生的机构）组成的联合体会先于他们采取行动。但是，涉及的当事者为数众多，可能遭受损失的资金数额巨大，这一情况必然会以这种或那种方式促使采取一切必要的预防措施。对于曾经建造了伦敦、利物浦和伯肯黑德的船坞，正在把沃什湾圈起来，最近又用轮船横渡大西洋，而且现在正在铺设穿越英吉利海峡的电报线的那个企业，人们可以放心地委托它去提供设施以防止沿海岸航行中的意外事件。

一般性的考虑

社会哲学可以恰当地划分为(正如政治经济学曾经划分的那样)静力学和动力学;前者探讨一个完善社会的平衡状态,后者探讨社会向完善状态发展所依靠的力量。[①] 其一的目的是要决定我们为了获得完全的幸福必须服从哪些法则;而另一个的目的则是分析使我们能够去服从这些法则的力量。迄今为止,我们主要关心的是静力学,只是偶尔为阐述的目的触及动力学。可是,现在动力学要求给予特别的注意。在已经提到的有关进步的现象中,有一些需要进一步解释,许多和它们相关联的其他现象尚待指出。还有未能纳入前几章的种种一般性的考虑可以在这里适当地包括进去。

首先让我们注意,文明的进程只能是它曾经是的那样,而不能是另一样的。其前提是:有一个未被征服的地球;有适于遍布、占据地球的生物——人类;生活的法则就是现有的那些法则;而且除

---

① 我曾经在 J. S. 穆勒先生的著作中看到政治经济学的这种划分,他在书中提到它是由某个人——我猜想是一位政治经济学家——作出的。在上面一句话里,我假定我是在给这划分以更广泛的应用;其实看来我只不过是在给它以 M. 孔德先生原来所作的应用。但是在那时,孔德对我来说仅仅是一个人名而已。

掉已经发生的一系列变化而外，不可能发生过其他变化。

一个种族中每一个完全具备最大幸福各项条件的成员必须具有这样的素质，使他可以对每一欲望获得充分的满足而不减少别人获得同样满足的能力；不仅如此，还必须由于看到别人身上的愉快而产生愉快。现在，要让这类生物在居住着低级动物——为腾出地方必须被驱逐的动物——的世界上繁殖，是显然不可能的事。根据定义，这类生物将会完全缺乏消灭那些他们应取而代之的物种的欲望。因为看到别人愉快而产生愉快的能力，就包含着看到别人痛苦而易于产生痛苦的倾向。因此，很明显，这些假设的生物，不是征服并覆盖地球，而是其自身会变成那些先前存在的动物——在那些动物身上毁灭的欲望占主导地位——的牺牲品。因此最初的人必须具有一种性格，使他适于从地球上清除那些危害他生命的物种和占据人类所需空间的物种。他必须有进行残杀的欲望；因为动物生活的规律是，每一必需的行动必然伴随着一种满足感——可以起刺激作用的欲望。换言之，他必须是我们称为野蛮人的那种人；而且必须让他以征服地球使社会生活成为可能的同样速度来获得对社会生活的适应性。

凡是认为人们可以对他们的同伴具有充分的同情，而对低级生物却完全缺乏同情的人，只要看一看事实就会发现他的错误。终生从事狩猎的印第安人像喜好捕杀猎物一样喜好折磨他的同胞。他的儿子们通过长时期的受苦磨炼被训练得坚忍不拔，而他的妻子则由于苛虐的待遇变得过早衰老。在具有部分文明程度的民族中，这两种特性曾经具有相同的关系。例如对于罗马圆形竞技场的观众们来说，斗士的厮杀和野兽的拼死斗争一样使他们开心。欧洲人口稀少、以狩猎作为主要职业的时代,也是封建暴行、遍地盗匪、地牢和酷刑折磨的时代。在英格兰这里,为了造猎场而灭绝整个省的人口的行径,和把杀死一头鹿的农奴判处死刑的法律,表明出于掠夺本能的重大行动和对人类幸福的完全漠不关心是同时并存的。在稍后的时期,当嗾狗斗牛和斗鸡是通常的消遣时,刑法法典也比现时要严厉得多;监狱中充满可怖景象;带上颈手枷的人受到老百姓的虐待;关在疯人院中的病人,被赤身露体用铁链锁在墙上,收钱展览,并为了观众的娱乐而受到折磨。反之,在我们自己中间,减少人类苦难的愿望,是与改善低级动物状况的愿望相伴的。人们较仁爱的感情可以在各种各样的慈善努力中看到:慈善团体,改善劳动阶级住宅的协会,对群众教育的渴望,废除死刑的企图,对戒酒运动的热心,贫民学校,保护爬山少年的努力,关于"劳工与贫民"的调查,出境移民基金,对儿童较温和的待遇,等等;同时,它也表现于防止虐待动物的社团,禁止使用狗拉车的议会法令,对乱杀猎物的谴责,最近关于为什么追赶鹿的人不应受到和虐待马的车夫同样惩罚的调查,最后,还表现于素食主义。此外,为了使证据更加完全,我们还提出这一事实:部分适应社会性状态的人们,当置身于唤起旧癖性的环境时,就要退化。人们普遍注意到,生活在原始条件下的殖民者们变得野蛮起来。在美洲边远地区的殖民者中盛行不受惩罚的谋杀、用步枪决斗和私刑——或者,更恰当一些的例子是,捕猎野兽的人,由于过着野蛮人的生活,染上了野蛮人的习惯,他们剥人的头皮,偶尔甚至吃人肉——足够作为这一点的例证。

同一冲动在这两种场合都起着支配作用。施加痛苦的欲望对表现痛苦的动物是不加区分的，它只要获得满足，而不管这满足来自野兽的痛苦还是人类的痛苦。相反地，阻止有同情心的人施加痛苦以便他自己可以避免痛苦的同情心，和诱使他给予幸福以便他可以获得带给他的幸福的同情心，同样也是不加区分的。它在一个生物身上再现其他生物所表现的情感；它由一个刚刚被松开锁链的狗的欢跃而得到的快乐，或为一头被虐待的驮兽而激起怜恤，正如由人们的欢乐与烦恼而产生出伙伴感情一样容易。

因此，原始的人必然是不顾他人付出的代价如何来获取其幸福的人。而最终的人则必然是能够获得幸福而不减少他人幸福的人。这些素质中的前者必须被改造成后者。千万年来充塞世界的多种多样的祸害——谋杀、奴役和抢劫——统治者的暴政、阶级的压迫、宗派和政党的迫害、不公正法律中的形形色色的自私自利的表现、野蛮的风俗、不诚实的交易、排他的生活方式，等等——只是这起初的、一度必要的素质所起的招致不幸的作用的例证，现在人类已经逐渐适合于它所不适合的状况，那些祸害不过是人类在适应其新环境过程中伴随的痛苦的症状而已。

但是不妨问一问，为什么适应曾经进行得这样缓慢呢？

回答是：人们一直在对之进行适应的新状况本身也在缓慢发展。人与和他敌对的动物之间的战争一直继续到目前，而且在地球的很大一部分地区现在还在进行。在毁灭的习性处于丧失其满足感的前夕时，它们就通过保护猎物、猎狐、斗鸡、斗牛、纵狗斗熊，为自己制造人为的练习范围，并以此来保持活力。但是首先请注意，旧有的掠夺习性在某种意义上是自我保存的。因为它使人与人之间产生类似它使人与低等动物之间产生的那些敌对关系；并且这样做就为他自己提供了一种持久的兴奋的源泉。这是必然要发生的。如我们已经看到的，野蛮人的不分青红皂白的行动的欲望，必然导致个人的争吵、部落的斗争、家族与家族之间的仇恨、国家之间的战争。

迄今为止，人类的性格只是缓慢地起了变化，因为它受了两组互相冲突的条件的影响。一方面，社会性状态的训练一直在使它发展成同情的形式；另一方面，部分在人与野兽之间，部分在人与人之间，部分在各个社会相互之间，进行自卫的需要，一直在使旧的冷漠无情的形式保持下来。只有在第一组条件的影响超过第二组条件的影响时，而且只在与超过的部分相当的程度上，才发生了改变。

这样看来，文明就是人的潜在能力在适宜的环境下的发展；这种适宜的环境，请注意，在某一时期肯定会出现。作为较高级自然现象基础的，尤其是作为有机世界基础的那些复杂的力量，是受盖然律的约制而发挥作用的。例如，一株植物产生了千万颗种子。这些种子之中的大部分被生活在它们上面的动物毁坏了，或者落在它们不能发芽的地方。在那些由发芽的种子产生的幼苗中，有很多在邻近幼苗的挤压下闷死了；另一些被昆虫摧残，或被动物吞食了；在一般情况下，只有其中的一株产生了它这物种的完美的标本，它逃脱了一切危险，使足够多的种子达到成熟，以延续其种族。各种动物也是这样的。如奎特莱特先生所表明的，人类生活的现象也是这样的。甚至社会的萌芽与成长也是这样的。在原始人身上存在的文明种子，由于他的繁殖而分布到整个地球上，随着时间的推移必然会在这里或那里落到适合它们发展的环境中，并且不顾一切的摧残和灭绝，由于这些情况足够多的一再发生，最终必然会产生比一切灾祸存活得更久远的文明。

那些正在发挥作用的力量会消灭人类中阻挡前进道路的部分，如同它们消灭猛兽和无用的反刍动物一样严厉。正如野蛮人取代了较低级动物的地位一样，假如他作为一个野蛮人的时间持续得太久，也就必须让位于比他高级的人。而且，请看，在大多数情况下，他的确是让位了。因为什么是一个征服者种族的先决条件呢？数量上的优势，或更强有力的本性，或改进了的作战方法；它们全都是进步的标志。数量上的优势意味着有过某些文明教化的经历。猎物的缺乏可能曾使从事农业成为必需，于是就使更多人口的生存变为可能；或者远离其他部落可能曾使战争不再那么频繁，因而阻止了不断的死亡；或者对邻近部落的偶然的优势，可能曾导致对后者的最终征服与奴役：这些情况之中的无论哪一种，作为其结果的比较和平的条件，必然使进步得以开始。因此，显然，一个民族对另一个民族的征服，主要是社会性的人对反社会性的人的征服；或者，严格地说，是更加适应的人对较少适应的人的征服。

冷漠无情的性格的延续，也以另一种方式间接地帮助了文明——虽然直接地妨碍了它，即，由于它导致了奴役。人们的确观察到，只有通过对被奴役者行使的这种严厉的强制，才能使那种持续不断地勤勉工作的能力得到发展。如果没有这种强制，正如原始人由于其生活习惯必然是的那个样子(而且现存的标本的确表明了这一点),大概需要继续许多世代最严厉的训练,才会使他心满意足地服从他的新状态的需要。假若如此,那么,使那种训练维持下去的野蛮的自私心,必须被认为造成了附带的利益,虽然它本身是极其坏的。

读者不用惊慌。不用害怕承认这些将会为新的侵略、新的压迫找到借口。也不要让任何幻想自己在这问题上被要求去扮演大自然角色的人,对懒惰的黑人或其他人提供训练,设想这些过去的行为可以用作先例。如果有了正确的理解,他们就不会做这类事情。文明中的那一阶段——强者强行排除弱者和野蛮压制的制度——在总体上属于有利的阶段,是自发而必然产生这些事情的阶段。它并非依据有关大自然意图让人们征服并奴役其同伴的任何经过冷静推理得出的结论——他们使他们的仁爱感情窒息并非为了有助于文明;而是由于他们当时的素质,他们很少关心为追求自己的满足而施加于别人的痛苦,他们甚至认为获取并行使对别人的控制是光荣的。可是,一旦认识了这些征服和暴虐是不对的,一旦对它们厌恶的情感变得足够强大而要去消除它们,那就是它们终止的时刻。整个问题依靠人们具有的道德感情的总量,或换言之,依靠对他们所经历的社会性状态适应的程度。意识不到灭绝较低级种族,或使他们受奴役,有什么不对,是以人们的同情心及其人权意识几乎处在最初发育阶段为前提条件的。所以那时他们施加于人的和顺从接受的压迫,并不有害于他们的性格——并不阻碍社会性情感在他们身上的成长;因为这些情感还没有得到足够的发展,这类行为还不会使它们受到触犯。因此通过清除地球上最不进步的居民，及用强力迫使其余居民获得勤劳的习惯，从而给文明以帮助，并不会使道德上的适应受到任何相应的抑制。可是，当这些重大的不公正形式之罪大恶极开始被认识时，情况就十分不一样了。那时时间已经证明旧的制度不再适合。在这新近被感觉到的错误消除或减少以前，无法取得新的进步。在这种环境下，假若可能维护过去的制度和习惯，就要以人们的良心不断变得麻木作为代价。在为了对 80 万牙买加黑人进行工业训练而重新实行强制性的奴役之前，实行奴役的 3000 万英国白人将不得不在一切方面倒退——在真诚、忠实、慷慨、诚实等方面，甚至在物质条件方面；因为减少人们的道德意识就是减少他们共同行动的适应性，因此就使最好的生产和分配组织无法运转。这是大自然发挥经济作用的又一例证。当征服与奴役的不公正性未被觉察时，它们总的说来是有益的；然而一旦人们感觉到它们与道德法则相违背，它们的继续存在在一个方面对适应的阻碍就会大于在另一方面的促进作用：这一事实是我们那些关于强权即公理的旧教义的新布道人可以不无裨益地稍加考虑的。

正如它们的构成单位迥然不同，原始社区和进步社区在结构原则上必然基本相异。和其他有机体一样，社会有机体在发展过程中必须经历一些暂时性的形式，在这些形式中它的各种各样的职能是由临时性设施来履行的，它们注定要随着最终设施变得有效率而迅速消失。人类联合体有着类似于个别动物所有的那些幼虫状的附属物。

但是暂时性的制度就意味着有暂时性的情感。已经确立的政治制度，由于依靠人民的性格，在支持它们的感情消亡以前是不会消亡的。因此，在人走向社会性状态的见习期间，在他身上必然有与必需的安排相适应的某种冲动起支配作用；当由于这种冲动而得以存在的试验性组织合并入最终的组织时，冲动就要减弱。这种冲动的性质与活动现在要求我们予以注意。

著名的法国强盗和刺客卡图什说："我对亨利四世的亡灵怀有如此巨大的崇敬之情，以致假如我在追逐的一个遭难者逃到纳夫桥上亨利四世的雕像下面，我就会饶了他的命。"这是一个恰当的例证，说明强烈的英雄崇拜怎样与最极端的野蛮同时并存，以及英雄崇拜怎样提供可以用来治理野蛮人的手段。非社会性的人要被改造成社会性的人，就必须生活于社会性状态之中。但是，当根据假设，一个社会的诸成员的侵略欲望对该社会具有毁灭性时，这个社会怎么能保持下去呢？显然它们的成员必须具有某种获致平衡的倾向，这倾向使他们尽管不和谐，也能保持在社会性状态之中，而且当对新环境的适应使抑制已不那么必要时它就会减弱。这种获致平衡的倾向存在于导致人们拜倒在任何权力象征之前的情感中——无论这权力象征是酋长、封建贵族、国王，还是立宪政府。

事实证明了英雄崇拜的力量与侵略习性的力量之间的这种所谓的联系，而另一些事实则证明二者将同时衰亡。

在太平洋的某些岛屿上，用儿童做供奉偶像的祭品，把父母活活埋葬都是常事，在那里，"对世袭酋长的崇敬达到如此高的程度，以致时常把它与神权观念联系起来"。在斐济，完全的专制主义和流行的吃人肉的恶习同时并存。我们读到用人作牺牲的大祭祀和臣民对统治者的极端顺从是联系在一起的，例如在达荷美。凶残好斗的蒙古族也有着专制的政府。格罗特先生对这种关联提出了正反两方面的证明，他说："在古希腊，没有任何城市盛行用人作祭品，或故意毁损人的肢体，如割去鼻子、耳朵、手、脚等等，或宫刑，或把儿童售卖为奴，或一夫多妻，**或对一个人无限服从的感情**；不妨指出，所有这些，都是存在于同时代迦太基人、埃及人、波斯人、色雷斯人中间的习俗"，等等。如果我们考察一下中世纪的历史，与强烈表现的尽忠思想一道存在的，有进行私战的权利、经常地全副武装、宗教上的殉难和屠杀等等，这些都证明当时对生命的尊重不如现在。我们也看到，最近在我们中间对权威的崇敬的减弱是与我们刑法法典中的残酷性的减少同时发生的。

凡对权力的敬畏心最大的地方就是对个人自由侵犯最严重的地方，这多少是一种自明之理；因为除非权力崇拜的情感很强，强制性的奴役——只有通过它才会广泛地侵犯人的自由——是不可能的。例如，假若不是因为这种情感的压倒一切的影响，古波斯人是绝不会容忍他们自己被视为其君主的私人财产的。但是这种顺从与缺乏道德意识相关联可以最清楚地从这一受到承认的事实看出来：容易卑躬屈膝是与同样容易施行压制相伴的。古波斯各省的总督们骑在人民头上作威作福，正与他们的国王骑在他们头上作威作福一样。古斯巴达的奴隶受到他们斯巴达主子的压制并不甚于后者又转而受到他们寡头执政者的压制。关于卑躬屈节的印度人，人们告诉我们，"他们对于他们上司的唯命是从由他们对控制在他们权力之下的人的专横、残酷和暴虐而得到补偿。"在封建时代，人民是贵族的奴隶，贵族是国王的仆人，而国王又是教皇的仆人。在俄罗斯，就在今天，贵族接受他们皇帝的指挥命令，和他们自己指挥命令他们的农奴是一样的。[①]

偷窃的盛行同样是与产生效忠思想的机能占优势相关联的。关于旅游的书籍提供了证据：在未开化的种族中，偷窃与酋长们的不承担责任的权力是同时并存的。马来人和中国人的海盗行为，及阿拉伯种族长期保留的掠夺习惯——在陆地上也在海上——是与对专制统治的服从共同存在的。科尔说："列托人所表明的所有被奴役部落的一种品质，是非常倾向于偷窃。"对俄罗斯人来说，对皇帝的崇拜是一件快事，他们公开承认自己是骗子，并为这承认而哈哈大笑。波兰人带有奴性的问候话是"我拜倒在您的脚下"，在他们之中贵族受到犹太人和公民的奉承，而犹太人和公民们又受到老百姓的奉承，他们肯定不是以诚实著称的。现在转过来谈谈那些优秀的种族，我们发现，他们也经历了一些阶段，在这些阶段中人们看到具有这同样特色的关系。农奴对封建主的服从最驯顺的时代，也是普遍的强取豪夺的时代。"在德国，农村的贵族有很大一部分靠抢劫为生"，他们的城堡是为这种职业的特殊目的而建造的，甚至基督教教士也这样做。[②] 居民们被敲诈，城镇不时受到抢劫，犹太人因他们的钱财而受到拷打。国王们和其余的人一样都是窃贼。他们抢夺其封臣的货物，如英国的约翰和法国的菲利

① 这是在废除农奴制以前写的。

② 科隆的大主教曾建造了一座这样的堡垒，总督问他是怎样维持的，因为并没有从税收中为这目的分配专款。主教只是希望他注意，城堡位于靠近四条交叉道路的会合处。——哈勒姆的《中世纪》

普·奥古斯特;他们用降低硬币成色的方法欺骗他们的债权人;他们无偿征用人们的马匹;他们查封商人的货物,把它们卖掉,把卖得的钱大部分纳入私囊。与此同时,陆地上盗匪猖獗,海上布满海盗:五港同盟及圣马洛是出没于英吉利海峡的那些海盗的大本营。

在那个时代到现在这个期间,对君主忠心的逐渐衰微——表现在封建关系的消灭,国王神圣权利的放弃,君主权力的削弱,以及现在对叛逆罪处罚的比较宽大——伴随了诚实及对人民的生命和自由的关心的同样逐渐的增长。人们对彼此权利的尊重仍然缺乏到什么程度,他们内心所保留的对权威的尊敬也就到什么程度;我们甚至可以在现有的各个阶级中探索到这些特点之间的关系。麦科诺基上尉引述并证实的有关罪犯的评论,即"一个好的囚犯(也就是顺从的囚犯)通常是一个坏人"[①],讲的就是这个意思。再者,如果我们翻开在朝廷仆从中传布的、记述上层社会的时髦动向,把国家的灾害归因于新钱币上漏掉了一个王室称号,并为欧洲大陆暴君辩护的那些报纸,我们在这些报纸上读到为战争和常备军所作的辩解,对"和平贩子"的嗤之以鼻,对死刑的辩护,对人民参政权的谴责,对贸易自由的恶骂,对领土掠夺的欢欣鼓舞,以及对没收教会捐税的辩护:表明哪里对权威神圣性的信仰消减得最慢,哪里就最少表现出对生命、自由和财产的神圣性的信仰。

在文明时期中,对权威的敬畏和对公平的关心是成反比例变

① 见论"纪律记分制度"的小册子。

化的，这一事实只不过是已经揭示过的事实——即只有当他们继续这样做时社会才可能存在——的对应物。显然，如果人们要在一起生活，他们彼此进行适当的自我管理的内部力量的缺乏，就使外部力量的出现成为必需，以便强迫实行使联合可以容忍的那一类行为；而这力量只有受到崇敬才能起作用。因此缺乏能够产生效忠的情感的野蛮种族根本不能进入文明状态，而不得不被能够这样做的其他种族所取代。我们还必须进一步得出结论说：在任何社区内，假如忠心以大于公平增长的速度减少，就将发生一种趋于社会解体的倾向——一种巴黎的老百姓威胁要作出例证的倾向。①

野蛮的自私的继续使得与之相称的权力崇拜的继续变得十分必要，是我们每天都可以觉察到的。考察一下贸易惯例；读一读商业通信；或让一位律师详述他与顾客们的谈话：你将发现在大多数场合，行为并不取决于什么是正确的，而是取决于什么是合法的。假如它们"处在法律的力量所不及的地方"，大多数行为很少会因对严格正直的关心而受到限制。对于普通人来说，问题不是"请求者可以正当地要求我做这么多吗?"而是"契约上是这样规定的吗?"如果"一项诉讼能够成立"，这种人通常要提起诉讼来得到他明知自己公平地说并不对之有权利的东西；假如"法律准许而法庭这样判决"，他将把能够得到的一切毫无顾忌地装进口袋。当我们发现和这些相类似的行为被视为当然的事情，而且犯这些过错的人被认为是可尊敬的人时；当我们因此发现有这么多人只有被强

① 此后他们已作出了例证。

迫时才会公正地对待他们的同伴时;我们就会发现强迫手段从中获取力量的那种情感是多么必要。

毫无疑义这种情感曾经产生了许多巨大的灾害,其中有一些仍然在它的养育中。曾经流行而且仍在流行的关于立法机关所能做出的伟大业绩的各种迷信,以及由这些迷信所产生的灾难性的干预,都源于这种情感。产生对政府的顺从的崇敬之情,不可避免地要赋予政府相称的崇高特性;由于这种崇敬在本质上是一种对权力的崇拜,它只能在两种情况下被强烈地激发出来:被崇敬者或则拥有巨大的权力,或则被人们认为拥有巨大的权力。因此才有了统治者可以确定货币价值、工资比率、食品价格的古老的错误见解。因此才有了仍在流行的关于用法律来防止贫困、缓解货币压力、治理人口过剩的荒谬理论。也因此才有了那种可怕的、但却被普遍接受的学说,认为立法机关可以公平地按它认为适合的限度,为它认为适合的目的,拿走人民的财产。可是,尽管有这一切,尽管有这些错误的理论和有害的干预,尽管有以这种或那种方式可以归因于它的不计其数的压迫和苦难,我们都必须承认,这种权力崇拜曾经执行,并且仍然在执行一项十分重要的职能,而且它能持续多久就会有益地持续多久。

它不能持续到比必需的时间更长,这一点可以很容易地加以证明。正是在其未成年时期统治着人们的那种感情本身,变成了它的权威的毁灭者。在暂时的统治者和最终的合法的统治者之间,有着无休止的冲突,在冲突中一方势力的衰微由于另一方势力的增长而成为必然。

因为，如同已经表明的，人们因其同情的激励而被引导相互采取公正行动的权利意识，也就是他们受到鼓动去维护自己的权利要求——他们自己行使其机能的自由——和抵抗一切侵犯的同一权利意识。这种冲动，除由同情心所加予的抑制外，不能容忍任何抑制；并反对一切对额外特权的僭越行为，而不管它是由谁做出的。因此，它与以屈从为乐的情感处于永恒的对立中。“要崇敬这个权威，”权力崇拜提议。“为什么我要崇敬它？谁把它置于我之上？”自由的本能追问道。“我将照阁下的吩咐去做，”一个人屏住呼吸说。“请问，先生，”另一个人却大叫道，“你是什么人，要对我发号施令？”“这个人是神明派来统治我们的，因此我们应该服从他。”一个人声辩道。“我告诉你，绝不是这样，”另一个答道，“我们有神明承认的对自由的权利，维护它们是我们的责任。”于是争辩继续下去：在文明各个阶段的行为是由两种感情的力量对比来决定的。道德意识，当它作为一种社会约束力量还太软弱起不了作用时，用它那几乎听不到的抗议，阻止不了占支配地位的英雄崇拜给最严厉的专制以可能性。逐渐地，随着它成长到强大得足以制止人们互相进行较严重的侵犯，它也就成长到强大得足以对已经不再需要的压制成功地进行斗争。

当然，任何特定时代的制度都显示了这些相互抗争的情感在签订它们最后休战时所作出的妥协。在由一种感情占优势而产生的政府拥有无限权力的状态和由另一种感情占优势而产生的无政府状态之间，是中间形式的政治组织，以“因暗杀而缓和了的专制”开始，而以最高度发展的代议制结束，在代议制之下，选民们向他们的代表发布指示的权利得到充分的承认：由于使全国成为一个审议机构，并使立法会议成为执行机构，这一制度把自治扩张到与一项统治权力的存在可以相容的最大限度。作为过渡时期特征的混合性质在理论上必然是荒谬的。适应民众成分与君主成分的两种感情，因为是相互对立的，表达了对立的观念。设想这些观念能够一致地联合起来，就是设想是与否能够调和。君主制的理论是，人民责无旁贷地极其谦卑地服从某一个个人——应该使他们的意志从属于他的意志。相反，民主制的理论——无论是具体明确规定的，或以拒绝拨款权的形式在我们自己宪法中所体现的，以及在公民应同意他必须服从的法律这一法律上的假定中所体现的——则是人民不应服从一个人的意志，而应实现他们自己的意志。因此这些理论是绝对相互对立的。假如一个国王可以正当地要求服从，那么服从应该是完全的；否则就要出现无法答复的问题：为什么我们必须服从这一点，而不服从那一点？而如果人们可以正当地管理他们自己，他们就应该全部地管理自己。否则就可以问：为什么在这样那样的场合他们是自己的主人，而在其余场合就不是？

然而，虽然把两种互不相容的假设如实际那样结合在一起的这些混合政体，在原则上是完全不合理的，只要它们与部分适应的人的混合素质和谐一致，它们就会由于必要而必然存在。情况似乎是，当人们自身性质上存在相应的不调和时，他们就不能认识渗透在这些混合政府制度中的根本不调和性：这是人们的看法最终由感情而非由理智决定的这一法则的一个很好的例证。

在这些问题上正确与错误的概念究竟是怎样完全取决于存在

于人们身上的各种冲动的平衡的，也许值得考虑一下。首先要看到，如果仅仅探索行动最终或好或坏的结果，是不能产生对那些行动的赞同或反对的。假如它能做到这一点，那么人们的道德准则是高还是低，就将根据他们把这些分析做得好或坏，就是说，根据他们智力的敏锐程度而定。由此推断，在一切时代和国家里，智力相等的人们应该有同样的伦理理论，而同代人如果思考能力不同，就应该有不同的伦理理论。但是事实与这些结论并不相符。相反，它们却证明了上面所论述的法则。历史和日常经验都向我们证明，人们关于正直的观念是和他们身上占支配地位的情感及本能一致的。我们经常读到，暴君们为他们要求不受限制的统治权辩护，说那是神明授予的。互相对立的君主的权利自古就为他们各自的支持者所坚持，并仍然为现代的正统王权拥护者所坚持——怀着与热烈的民主主义者坚持人的权利一样的热情。对于生活在封建时代的人们，农奴服从他们主人的义务似乎如此无可怀疑，以致路德（毫无疑义是本着良心行动的）也敦促贵族们对反叛的农民们进行报复；呼吁一切能够做到的人“刺杀他们，把他们砍倒，砸碎他们的脑袋，正如他们是疯狗一样”。此外，我们将发现缺乏适当的情感会使心灵不能认识人类对自由的权利。例如，柏拉图对他的理想国不能想象出比阶级专制更好的东西；而且，的确，直到他那个时代，以及以后很久，似乎没有存在过任何看出奴隶制度有什么错误的人。据说牙买加第一任总督，多依利上校，在颁布命令“分发给军队1701本《圣经》”之后不几天，又签发了另一道命令：“由税收款项内支付金额20英镑，以偿付约翰·霍伊带来为追捕黑人之用的15只狗。”在美洲宗教教士拥有奴隶是类似的事实。温切斯特学院的莫伯利博士曾写过一本书为高年级生强使低年级生干活辩护，他说，作为一种学校管理制度，这提供了“比任何其他能够设计出的办法更有效的对必不可少、根深蒂固的美德的保证”。再者，在最近一本由“一位乡村牧师”署名的小册子里，主张“你必须像改造醉汉的精神一样去转变宪章运动者的精神，方法是表明它是对上帝的律法的反叛”。但是在权利意识方面有缺陷的人所表现的最奇怪的特点——或者不如说在我们看来最奇怪的——是他们不能够认识他们自己的权利要求。例如，伯纳德海军少校告诉我们：[①]在非洲海岸的葡萄牙殖民地，自由的黑人“被奴隶们嘲笑，认为没有白种人去照顾他们，并在他们受压迫时去拯救他们”；据说在美洲奴隶们自己看不起自由的黑人，把他们称为废物。

要用任何现时流行的假设来说明这里简要例举的人们关于正确与错误的观念方面无数的不一致，似乎是不可能的。但是指出人们的看法是道德力量的一种结果，道德力量的平衡随着每一种族和时代——即随着适应的每一阶段——而有变化，这一理论的根据却是昭然若揭的。如果仔细考虑这个问题，看来假如人们的看法不是这样取决于感情的平衡，社会的确不能始终团结在一起。因为假如情况是另一个样子，那些还需要强制性政府的种族也许会经过推理，像更先进的种族那样容易地得出强制性政府不好的结论。假如他们真的这样做了，社会的瓦解将接踵而至；因为那时他们处在为把他们保持在社会性状态中所必需的严厉统治下，将

① 《在莫桑比克海峡的三年巡弋》。

不会继续感到心满意足。

当政治安排和人民特性之间的不协调变得足够严重时，改变政治安排的方法本身必须与人民的特性相符合，并由此决定它是暴力的还是和平的。有不少人大声疾呼反对一切使用武装力量进行的革命；他们忘记了一次革命的性质，和一种制度的性质一样，是由实行它的人们的特性所决定的。道义上的劝说是十分令人钦佩的；对我们来说是有益的——的确，对一切能被诱导去使用它的人们是有益的。但是如果设想在社会成长的较早阶段，能够使用道义上的劝说，或者认为假如使用它就能见效，则是忽视了条件。如果机械地说明这一案例，我们可以说，与人们不适合群居生活的程度相称，把他们限制于其中的体制必须是强固的，因此当这体制不再适合时，打破它所需要的力量必须是十分猛烈的。一个不顺从人民意志的政府——一个专制的政府——的存在以某些环境为先决条件，这些环境使得任何非暴力的改变不可能实现。首先，强制性的统治曾经得以实行，意味着在人民中，表明残留的野蛮性的对权力的敬畏心占据支配地位。此外，由于大量权力崇拜心理的存在，只有当积累的恶政带来的祸害已经引起极大的愤怒时才会发生不满。不仅如此，由于支持外部管理的情感的丰富，意味着产生内部管理的情感的缺乏，因适当顾及别人的生命及要求而产生的这类对过分行动的遏制就不能起作用。在存在比较活跃的毁灭性倾向、极端愤怒和缺少自我克制的地方，暴力是不可避免的。和平的革命在完全不同的环境下才会发生。只有当社会不再是由如此敌对的成员所组成，开始由于内部的组织而协调一致，不需要靠强硬的外部限制使它保持在一起，而且因此实行改变所需要的强力较少时，它们才变得可能。只有当人们由于已经获得对社会性状态的较大适应，既不会互相施加，也不会屈从这类极端的压迫，而且因此人民愤懑的原因已经减少时，它们才变得可能。只有当人们的品性已经成长得更富于同情心；而且作为结果，进行愤怒报复的倾向已被部分地中和时，它们才变得可能。的确，改良可以而且应该和平进行这一观念本身，就意味着拥有大量的道德意识。没有它，这样一种观念甚至无法想象，更不用说实现了；有了它，二者都可做到。

因此，我们必须像看待其他自然现象那样看待社会动荡——它们是以某种不可避免、不可改变的方式发生的。你说，假如这样那样的事件没有发生，结果就会不同；假如这个或那个人活着，他就会阻止了这灾难。请别这样欺骗自己。这些改变是由一种远远超过个人意志的力量造成的。性格与制度之间的不一致是引起骚动的力量，而一场革命就是恢复平衡的行动。偶然的环境会使过程有所改变，但不能从根本上改变结果。

这些用暴力推翻早先制度的行动没有按照它们的发起人所希望的那样去做，它们最后导致建立起并不比那些被替代的好多少的制度，这是毫无疑问的。但是它们实现的改变不能以别的方式来实现，也同样是毫无疑问的。不适应状态使坏的政治组织成为必需，也使坏的改变方式成为必需。不但它所要求的惯常的统治必然是严厉的，而且甚至这种统治的小小改善，若没有很多痛苦就不能获得。反之，使较好的社会状态成为可能的同样原因，也使它随后的改变比较容易。这些改变在较小的压力下发生，带来较小的骚动，而且发生得更加经常；直到由于改变的量逐渐减少间隔逐渐缩短，该过程融入一种不间断的成长之中。

文明还可以被概括为另一种形态。我们可以把它看做一种朝着为充分表现每一个人个性所需要的人与社会之素质的进步。成为他天生的情况——做正是他自发地要做的事：这对每个人的充分幸福，因而对所有人的最大幸福，是最重要的。因此，根据适应的法则，我们必须向着使每一欲望全部满足——或使个人生活完满实现——成为可能的状态前进。在最初这是不可能的。如果不加控制，原始人的各种冲动就要产生无政府状态。要么他的个性必然受到约束，要么社会必然瓦解。就我们自己而言。虽然限制仍然需要，但公民的私人意志，因为对秩序不具有如此的毁灭性，可以更多地发挥。再往前的进步必然走向增加个人权利要求的神圣性，并将任何限制它们的东西置于从属地位。

有丰富的实例证明这一论点：在早期的政府统治下，对个性的压制是最大的，当我们向前进时压制就变得较小。格罗特先生在谈到埃及、亚述、中国和印度的人民——与希腊的人民形成对照——时说："宗教上和政治上的约束力——有时合在一起，有时分开来——决定每一个人的生活方式，决定他的信仰、他的义务和他的社会地位，而没有给个人自己的意志或判断力留下任何活动的余地。"统治者对人民的所有权——从它在大流士统治下的纯粹形式，经过各种修改，一直到"朕即国家"的时代，甚至在我们自己当中仍然体现在"我的臣民"这句话中——必须认为是在或大或小程度上把许多个人融合成一个人的意思。奴隶或农奴与他们的主人之间，以及家庭与其家长之间相似的关系，也暗含着同一意思。简而言之，一切专制，无论是政治的还是宗教的，无论是性别的、种姓的，还是风俗上的，都可以概括为对个性的限制，就文明的本性而言是应该排除的。

当然，从国家就是一切而个人等于零的一个极端前进到个人就是一切而国家等于零的另一个极端，社会必须经过许多变更了的结构。贵族政治与民主政治并不像它们被人们认为的那样，是各自分开、互相冲突的原则；它们和它们彼此的混合物，以及它们与君主政治的混合物，标志着走向完整的个性这一进步的若干阶段。与公共的权利要求相对，私人权利要求的增长，也不仅仅表现于政府形式的改善。它也表现于自愿的联合——例如政党——的改变；其明显的倾向是：由于内部分化，由于对其成员控制力的减弱，由于各种不同意见的增加，也就是说，由于致命的个人独立性的蔓延，而趋于解体。在宗教组织方面的变化更清楚地给这一法则提供了例证。最近这些年来以日益加快的速度进行的各种教派的大量增加——它现在有非常多的例子，如英国国教分成低教会派、高教会派和皮由兹派；又如自由教会的退出；又如循道宗信徒的分裂；又如一位论派的争论；又如无数无法归类的地方会众的分裂出去；又如关于意见一致不应该是团结纽带的宣传：这样显示的普遍的分离倾向，只不过是不断增长的关于个性的主张所呈现的方式之一。最后，由于不断的再分化，我们所称为的教派也将消失；一种自然的一致性将出现，取代那种按照核定的模式给人们打上印记而获得的人为的一致性——这是一种受无数小差异限制的一般的类似性。

由现在已得出的观点，我们可以清楚地看到，在我们对真理进行的人为分类中，我们称之为**道德**的东西，怎样基本上是一种体现自然法则的真理——事实上它是超自然的生理学的一个种类。事物受同等自由法则支配的状态——除受其他人同样个性的限制而外，每个人的个性都可以不受限制地展现的状态——如我们适才所见，人们正向着它前进的状态，是整个宇宙所趋向的状态。我们已经顺便指出过，只有全部实现道德法则，生命才能变成完全的；而现在我们将发现一切无论什么样的生命，都可以被定义为一种品质，其最高表现就是实现这项法则的才能。

科尔里奇提出的一项关于生命的理论为这一概括铺平了道路。他说："用生命这个词，我处处都是指生命的真正的概念，或生命本身向我们显示的包括一切其他形式的最一般的形式。我曾把这形式叙述为**个体化的倾向**；生命的各种程度或强度就在于这一倾向的循序渐进的实现。"①要使这定义易于理解，必须详细说明

① 在我写这一节时，我还不知道科尔里奇的这一思想是受益于谢林。1864 年，当我撰写《科学的分类》，并探求物理变化所呈现的最一般的真理时，关于处处时时都在进行着或是物质的聚合及与之伴随的运动的消散，或是运动的被吸收及与之伴随的物质的分解这一点就变得很明显了——当物质的聚合及与之伴随的运动的消散就是一切进化的首要特征这一点变得很明显时，谢林的这一思想就显露出来了。个体的概念是一项形而上学的概念，个体化的倾向是不能用物理学的术语来描绘的。但是因为物质的聚合及与之伴随的运动的消散是由之形成一个集合体——一个独立的物体——一个个别的事物的过程；很清楚，进化的首要过程，当不从物理学的解释来观察时，就可以被认为是由个体化倾向产生的结果。同样很清楚，这不单是有生命事物的一种特征，而是一切正在进化的事物——无机体和有机体一样——的特征，而且只有通过给予"生命"这个词牵强的人为的意义，它才能被视为一项生命的定义。可是，我认为最好还是让贯穿以下几页的这一论证保持它原来的形式。读者会很容易地把随后的叙述转译成进化论的语言。

试图用它来表示的一些事实——作为低级与高级结构类型以及低的与高的活力程度之间的悬殊差别例证的事实。

如果把我们的例证限于动物界，并从生命的属性最模糊的地方开始，我们就有了——比方说，多孔类动物——仅仅由无定形的、半流质的胶状物组成，支撑在角质的纤维（海绵）上的动物。这种胶状物不具有感觉，没有器官，从渗透到它的团块内的水中吸收营养，而且，假如把它切成碎片，每一部分都会像以前一样地继续活下去。所以，这个"胶状膜"——如它曾被称呼的那样——几乎不比一块无生命的物质表现出更多的个体性；因为，和无生命的物质一样，它并不比由它分割而成的碎片具有更大的完整性。在排列于它之后的某种复合水螅——科尔里奇就是由此开始研究的——身上，向个体性的进步是明显的；因为这时已经有了各个部分的区别。在有管道贯穿的胶状团块上，我们在海鸡冠身上又加上了一些消化囊，还有伴随的口和触手。显然，这是一个不完全的分离为个体的过程。营养仍然是完全共有的，虽然每个水螅具有一定程度的感觉和收缩力。接下去让我们看一看在池塘中常见的水螅，或淡水水螅。这些动物是通过出芽生殖，即由母体长出小水螅的芽而繁殖的。"在这些幼芽形成的初期，它们显然与产生它们的总的物质相连接；甚至当它们已相当成熟，具有内腔和触手时，它们的胃还和母体的胃自由地交流。……一旦新形成的水螅能够捕获食物时，它就开始对母体的维持作出贡献；它捕获的食物通过在它底部的孔进入原来水螅的体内。最后，当小水螅已完全形成，成熟到可以独立生存时，两者之间的连接点变得愈来愈纤细，直到无论哪一方稍稍用力就足以使它们分出去，于是这个过程完成了。……有时观察到六七个芽体同时从同一水螅身上发芽；虽然整个过程是在24小时内结束的，甚至在新形成的水螅由母体分离以前就可以观察到第3代从它们身上产生，也并非不常有的事；曾经看到18个水螅照这样连接成一群。”[①]这是一种严格说既不能称为简单也不能称为复合的动物。在海鸡冠类水螅身上许多个体是永恒地结合在一起的。在这类生物中，就特定的个体而言，它们都是暂时结合的，但是从另一个角度来看，就是永恒地结合的；因为一直总是一个群，虽然那个群在不断变换它的成员。

在独立的有机体身上这一法则仍然可以从结构的连续改进中看出来。一切具有高度活力的动物，通过各部分的较大的个体性——通过这些部分在性质和功能上的较大差别，而与具有较低活力的动物区别开来。刚刚提到的那些水螅，它们只是袋状物，环绕袋口有触手，可以分割成许多部分而安然无恙：各部分分别承担一切功能。那么，这里显然没有性质上的任何特点可言；所有结构的职责都由一种组织来执行，它还没有个体化到成为适应各项单独目的的单独器官。器官的个体化可以在动物生命的整个范围内看到。

与这些结构的变化相关联、并由它们引起的生命力表现的变化，有着同样的意义。具有更多样的感觉、本能、力量和品质——在性格和属性方面更加复杂，就更能区别于一切其他事物；或者说表现出更加显著的个体性。因为，很明显，既然有一些特性是一切有机及无机的实体所共有的，即重量、移动性、惯性等等；既然另有

① 《动物界概论》。地质学会会员T.R.琼斯教授著。

一些特性是有机实体所共有的，即成长和繁殖的能力；既然还有一些特性是较高级有机实体所共有的，即视力、听力等等；那么那些还要更高级的有机实体，由于拥有不为其余实体所共有的特点，因而较之其余实体，与更大数目的实体有所区别，而且在更多方面有所区别——也就是说，是更加独立，更有个体性的。再者，请注意，高级形式的生物所显示的较大的自我保存能力也可以用这同一术语加以概括："个体化的倾向"。有机体愈低级，它就愈加完全受外界环境的摆布。它不断地容易遭受自然力、食物匮乏和敌人的毁坏；而且几乎在所有场合最终都这样被消灭了。那就是说，它缺乏保存其个体性的能力。反之，凡有力量、聪慧、敏捷（所有这些都表明高级的结构）的地方，就有相应的能力去防止个体性这样容易地被毁坏，因此个体化就更加完全。

在人类身上我们看到这种倾向的最高表现。由于他的结构的复杂性，他最远离个体性最小的无机世界。再者，他的智力和适应能力通常使他能够把生命维持到老年——完成他生存的周期；也就是说，完完全全占有这种个体性的范围。此外，他是有自我意识的；也就是说，他认识到他自己的个体性。而且，如最近所表明的，甚至人类事务中可以观察到的变化也仍然是趋向个体性的更大发展——仍然可以描述为"一种个体化的倾向"。

但最后请注意，而且主要请注意，作为前面一段概述所要介绍的事实，即我们称为道德法则的东西——同等自由法则——就是个体化在它的支配之下变得完满的法则；承认这项法则并按照它行事是人类最终的天赋才能——现时正在进化过程中的一种才能。不断增长的关于个人权利的主张，就是对个体性充分展开所需外界条件应受尊重的不断增长的要求。现在不仅有了个体性意识和个体性赖以保存的智力，而且有了人们可以要求为适当发展个体性所需要的活动范围的认识；还有了提出这种要求的相应愿望。当目前正在进行的变化完成时，将没有人会被阻挠去展开他们的天性；因为当每个人都维护他自己的要求时，他也将会尊重别人的同样要求。那时，将不再有立法的限制和立法的负担；因为通过同一过程，它们将变得既不必要也不可能。那时将会出现其个体性能充分地向各个方向扩展的人。这样，完全的道德、完全的个体化和完全的生命就将同时实现。

可是这种最高的个体化必须与最大程度的互相依赖相结合。虽然这说法看起来好像自相矛盾，进步却是同时走向完全的分离和完全的联合的。但是这分离是一种与为了满足社会需求而进行的最复杂的结合相一致的分离；而这联合是一种不阻碍每一个性的完全发展的联合。文明正在演化出一种事物状态和一种性格，在这种状态和性格中，两种表面上互相冲突的需要得到了调和。要得到最大数量的幸福，一方面，必须有一定数量的人口，这些人口只有通过可能的最好的生产制度才能加以供养；就是说，通过最精细的再分工，就是说，通过最极端的互相依赖。而另一方面，每个个人又必须有机会做他的欲望激励他去做的无论什么事情。很清楚，这两个条件只有通过人类正在经历的适应过程才能和谐一致——在这过程中一切与最完善的社会组织相矛盾的欲望都在逐渐消亡，而与这样的组织相符合的其他欲望都在得到发展。这怎么会最终导致同时产生完全的个体化和完全的互相依赖，也许不会立刻弄清楚;但是也许一项例证就足以阐明这问题。这里是家庭内部的某些爱慕之情,它们只有通过与他人建立关系才能得到满足。如果没有那些人,因而对待他们的感情处于休眠状态,生命就不完全——个体性就被剥夺了相当大的一部分。正如个体性中夫妻和父母因素的正常展开依赖于有一个家庭;同样,当文明变得完全时,个体性中一切其他因素的正常展开将依赖于文明状态的存在。将要获得的正是这种个体性:它在最高度组织起来的社区中找到它表现的最适合的场所;在每一社会安排中找到符合它自身的某种机能的条件;如果置于别样的环境中,它事实上根本无法发展。最终的人将是其私人需要与公众需要相吻合的人。他将是这样的人:他在自发地满足自己的天性时,附带地执行一个社会单位的职能;而且只有当其他所有的人都这样做时,他才能这样满足自己的天性。

毫无疑问,人类的进步,的确和趋向更完全的个体化一样,也趋向更多的互相依赖;毫无疑问,每一个人的福利每天都更多地包含在全体人们的福利之中;因此,毫无疑问,尊重所有人的利益是每个人的利益之所在,对此可以有益地详细举出例证,因为这是一项许多人似乎对之还可悲地毫无所知的事实。人们不能打破社会有机体的这一重要法则——同等自由法则——而不这样或那样地受到惩罚。因为他们自己是社区的成员,无论什么事物影响社区都会影响他们。社区服务之于他们需要的效率之高低视其状态好坏而定,社区加于他们身上祸害的大小也是如此。由于每时每刻令他们恼怒的不良安排,他们感受到违反那项社会法则的一切过失所积累的后果:包括他们自己的过失。他们因这些过失而受到的损害不仅在于额外的限制和惊恐,而且在于为达到他们的目的所需要的额外的劳动和费用。

每一违反这一法则的行为都要产生反应,部分是一般性的,部分是特殊性的——一种其激烈程度与违反的严重程度成比例的反应——这一点在所有时代都已多少被注意到了。例如,自泰勒斯那时起就有这样的说法:暴君很少死于自然原因。从他那个时代到我们这个时代,东方帝王的宝座曾经继续不断地沾满了它们的相继占有者的鲜血。所有欧洲国家早年的历史,和俄国最近的历史,都证明了这同一真理,如果我们根据他的习惯加以判断,现今的沙皇也生活在对暗杀行为的经常恐惧中。[①] 我们发现那些对全世界有支配力量,似乎能够为所欲为的人,也并不真正能这样做。在限制别人的自由时,他们也限制了自己的自由:他们的专制产生了反作用,把他们自己也置于奴役之中。例如,我们读到过,罗马皇帝们是他们士兵的傀儡。

吉本说:"在拜占庭皇宫中,皇帝是他所强加的礼仪的第一个奴隶。"谈到路易大帝时代的繁琐礼节时,德·曼特农夫人评论道:"只是除那些占据最高职位的人而外,我不知道有任何比艳羡他们的人更加不幸了。要是你能对那是怎么回事有一点概念就好了!"奴隶主们也感受到同样的反应。有些西印度的农场主承认,在黑奴解放以前,他们是自己庄园里的最大奴隶。美国人也由于他们

① 我当初写这句话时,尼古拉是皇帝;虽然他是因自然原因而去世的,他的儿子却是被暗杀的,而他的孙子曾不止一次几乎被暗杀。

自己的不公正，以各种方式使自己受到束缚。在南部，白种人是自我压制的，以便他们能压制黑人。和混血儿结婚是被禁止的；竞选参议员有一条须拥有奴隶的资格规定；未经准许一个人不能解放他自己的奴隶；任何人也不能说一句赞同废除奴隶制的话，否则就要冒受私刑的风险。

的确，大多数人都明白惯常重大的违法行为要使犯法者受到报应——“这公平的审判把我们下了毒药的酒杯内的成分推荐给我们自己的口唇”；但是他们还不明白对他们自己坚持不改的较小的违法行为而言这同样是真实的。那些阶级权力的现代维护者大概能相当清楚地看出他们的封建祖先为使群众保持被奴役状态曾经付出昂贵的代价。他们能够看出顶盔带甲，衣服内面披着暗藏的锁子甲，室内灯光暗淡，时时提防毒药，并经常怀着对叛变的恐惧，这些贵族们过着只是很不安适的生活。他们能看出在法国农民暴动、加利西亚大屠杀和法国大革命中，出现了给长期保持的平衡以致命打击的清算。但是他们不能看出他们自己不公平的行为，会以这种或那种方式回到他们身上。正如这些封建贵族把他们遭受的灾难误认为不可改变的天命，而从未梦想到它们是暴政的反作用的结果，他们的后裔也同样觉察不到，他们自己的许多不幸是由类似的原因造成的。

可是，虽然在某些场合几乎不可能查找到那些隐秘的渠道——通过它们我们对别人所做的不良行为回报到我们自己身上——却也有另外一些场合这种反应是可以觉察的。人们冲出一家起火的剧院，在彼此急切想先跑出去的渴望中，他们把大门堵了起来：这为不公正的自私招致本身失败提供了一个好的例证。在这类事例中看得很清楚，人们由于侵犯别人的权利，也伤害了他们自己。在这里反应是直接而即时的。而在另一些事例中，反应是经过一些曲折的道路，或在相当长的一段时间以后，或以一种未被认识的形式来到的。以为把穷人的小屋从他的地产上清除掉，让别的地方背上穷人的包袱是好办法的地主，忘记了邻近教区的地主们将会用同样做法最终打败他；或者因为他所处的位置可以让他的雇工们住到镇上去，那么来去的额外路程必然要降低一天工作的标准，提高耕种的费用，结果减少了地租。他也看不到由于这一做法引起的卧室过分拥挤及忽视房屋修理，他造成了穷人的身体虚弱或疾病，以致在一个方面降低他的济贫税的同时，又在另一方面提高了他的济贫税。多塞特郡的农场主用小麦碎渣按高于市场的价格来支付工资，自认为他是在省钱。他从来没有想到，由于小偷小摸，由于他的篱笆被拆毁去当柴火，由于他的牛群因此遭人乱打，以及由于因调查起诉盗匪和偷猎者而增加的地方税，使他的损失大于多赚的那些钱。小商人们似乎坚信，靠在商品中掺假而得来的全部额外利润都是纯粹的赚头；也许在短时间内会是这样。可是不久他的竞争者就会照他所做的去做，于是利润率又下降到和以前一样。与此同时，掺假的普遍做法受到鼓励，进入了其他部门，从而降低了我们的店主买进物品的质量；这样，他作为消费者就因帮助加强了这种恶劣做法而吃到了苦头。在黑人当学徒时期，西印度的大农场主必须给愿意自己赎身的奴隶估价——在他们成为“女王的自由民”之前，他们无疑以为宣誓把每天的价值说得比实际高一些是高明的。但是随后，当他们必须支付工资时，就得按他们自己的估计报价，并发现黑人们不肯接受任何再少一些的钱，这时他们大概就会为他们的不诚实而感到后悔了。这些反作用的产生，往往要经过很长时间，但它们一定会出现。请看爱尔兰的地主们是怎样为收取不合理的高额租金，鼓励经纪人，以及对人民的福利漠不关心而受到了惩罚吧。也请注意，英国是怎样因为曾经帮助那些欺侮爱尔兰的人，而不得不以收不回的贷款形式，以及由于大批贫困移民涌入使她本国人民的生活降低到他们的水平所产生的不幸，来付出罚款的。对公平的破坏，无论是许多人或少数人所为，最终都是自我拆台的。当人们继续作为社会的单位时，他们如违犯社会的生活原则，就不能不让灾难性的后果这样或那样地回到他们自己身上。

公民的最终福利不仅要求他自己应遵从道德法则；也使他关心其他每一个人都遵从道德法则。社会性状态需要的这种相互依赖关系必然使所有人的事以间接的方式成为他的事。对于只盯着自己账本的人来说，人类的事务进行得怎么样好像无关重要。他们认为他们懂得最好不要为公共事务给自己找麻烦，制造仇敌，损害他们的生意。可是假如他们的确这样自私，以至只要自己的煮肉锅填得满满的，就对同辈人的事一点也不关心，那么就该让他们明白这是和他们的英镑、先令和便士有利害关系的。仅仅对钱袋的精明就应诱使他们去推进人类的福利——假如没有更高尚的动机的话。难道他们看不出当他们购买肉、面包和杂货时，他们不得不拿出一些钱去维持监狱和警察吗？难道他们看不出买一件上衣时向他们索取的价格中有很大一部分是为了抵偿裁缝无法收回的坏账吗？他们生活中的每一笔交易都在某些方面因普遍缺乏道德而受到妨碍。在资金要求的利率方面他们感觉到这一点，利率之高(不考虑暂时性的变动)是与人们的邪恶成比例的。[①] 在律师账单的金额方面他们感觉到这一点；或者在忍受抢劫方面，感觉到这一点，以免法律诉讼从他们身上抢去更多。在他们分担的我们的金属货币上每年花费的 250 万方面，他们感觉到这一点。在随着大规模赌博性投机而发展起来的贸易的崩溃方面，他们感觉到这一点。他们觉得帮助在人们当中传播独立精神似乎是一种荒谬可笑的浪费时间；然而，假如他们想起他们以超过票面价值买来的铁路股票，怎样因其他董事对一个富有的恃强凌弱者卑躬屈膝而价值惨跌，他们就会明白勇敢高尚精神的盛行可以变得对他们具有金钱价值。他们设想同邻近国家的争执与他们自己无关；然而，考察一下，他们就将发现，一场匈牙利战争由于要求的借款，一次对丹麦的封锁由于对我们商务的影响，多多少少要间接地影响他们的利润，无论他们生活在英国什么偏僻的角落里。他们认为他们对于印度有一个好政府根本不感兴趣；然而稍稍思考一下，就会使他们明白：由于来自美洲的棉花供应既不规则又不充足而引起的贸易上的波动使他们不断吃到苦头——假如不是印度被它的统治者的奢侈浪费弄得财源枯竭，这种波动很可能已经停止了。不感兴趣吗？嗨，连中国人得到较好的教育对他们也是重要的，因为中国人的偏见使英国商人被关在门外。不感兴趣吗？嗨，美洲铁路、运河的修造，和他们也有利害关系，因为这些最终会影响英国的面

① 当不诚实和浪费极其严重时，用百分之三十至四十以下的利率就借不到资金，例如在缅甸帝国，或在约翰国王统治时期的英国。——参看穆勒的《政治经济学原理》。

包价格。不感兴趣吗?嗨,地球上每一民族积累财富都与他们有关,因为从资金丰富的地方流向资金稀少的地方是资金流动的规律,因此富国在别的国家都富起来以前绝不能充分享受他们自己劳动的果实。在最僻远的社区,人类事务的妥善安排对一切人都是有益的;它们的安排不善对一切人都是有害的。虽然公民在他自己的社会中起作用的每一特殊的好或坏的影响,在他身上只产生轻微的效果,而在其他社会中起作用的每一特殊的这类影响在他身上产生的效果还要更加轻微——虽然在他身上的效果可以是极其微小的,然而他的幸福或不幸却取决于无数这样极其微小的影响积累而成的结果。

当我们发现每个人和他作为其中一个单位的社会之间的联系在本质上是多么必不可少时,这种个人利益与社会利益的交织就看得更加清楚了。我们通常把一个国家比作一个活的有机体。我们谈到"政治体",谈到它各部分的功能、它的成长和它的疾病,似乎它是一个人。但是我们通常使用这些表达方式作为比喻,很少想到这种类似有多么接近,可以贯彻到什么程度。然而,一个社会与一个个别的人一样,是完全按照相同的体系组织起来的,以致我们可以感到他们之间有着超过类似的某种东西。让我们看几件这样的事实。

首先请注意,任何普通动物的身体本身都是由无数极微小的有机体合成的,这些有机体都具有一种独立的生命力,它们从循环流动的液体内吸入营养,并像纤毛虫纲的单胞虫那样通过自发的分裂而繁殖。当我们获悉这事实时,上面所说的那种类似性就变得更加清楚了。整个发展的过程,从卵细胞内最初的变化开始到成熟的动物产生结束,基本上就是这些细胞的数目以分裂生殖方式进行的永恒不断的增加。而另一方面,在老年时代看到的逐渐衰朽本质上就是这种增加的停止。在健康时期,这些细胞的活力是从属于整个身体的活力的;出现不服从的细胞就意味着疾病。例如,在人身上,天花的发生就是由于一种陌生的细胞侵入了组成身体的细胞群体。这种细胞从血液中吸收营养,通过自发的分化迅速繁殖,直到它的后裔散布到全部组织内;假如身体分泌出的能量不能排除这些外来者,死亡就随即发生。在身体的某些状态中,原有的细胞呈现出新的生命形式;由于继续不断繁殖它们的同类,就引起寄生体的生长,诸如癌之类。在显微镜下,癌可以由称为癌细胞的一种特殊成分辨别出来。因此我们有理由把身体看做若干个体的联合体,它们中的每一个都有独立的生活、生长和繁殖能力;它们中的每一个都和许多别的个体联合起来去执行为维持其本身及所有其余个体所必需的某一功能;它们中的每一个又都从血液中吸收它的一份营养。如果这样看,一个单个的人与人类社会之间的类似性就相当明显了——在社会里,每个人在帮助满足某种公共需要的同时买进被带到他门口的一定数量的流通着的商品。

在下列事实中可以看出这种类似性还有更惊人的体现:社会在从发展的最低阶段进步到最高阶段时所采取的各种不同的组织,原则上和各种不同的动物组织是相似的。低级形式动物的组织不过是许多相似部分的集合——按照欧文教授称为植物性重复原理的模式形成;在探索高于它们的相继发展的各个等级所采取的形式时，我们发现相似部分的数目逐渐减少，不相似部分的数目成倍增加。在一个极端，只有少数几项功能，每一功能有许多相似的作用者；而在另一极端，有许多功能，每一功能只有很少相似的作用者。例如，一只苍蝇的视觉器官包含两组固定的晶体，其数目在某些种类的苍蝇那里高达20,000。这些晶体中的每一个都产生一个映像；但是因为它的视野极其狭窄，而且没有适应不同距离的能力，所以获得的视觉大概是十分不完备的。而另一方面，哺乳动物只有两只眼睛；但这两只眼睛的每一只都包括许许多多附属物。它是由几种折射光线的结构合成的，这些结构各具不同的形式和职责。这些结构能调节不同的焦点。有引导它们向右和向左，向地面和向天空的肌肉。有一个帘状物（虹膜）可以调节接受光线的量。有一个腺分泌润滑液，一根管子把它注出，一根排水管把它排走。有眼睑拂拭表面，有睫毛遮光并在异物临近时提出警告。现在这两种视觉器官之间的对比就是一切低级与高级结构形式之间的对比。如果我们考查用来支撑身体各个组织的框架，我们就会发现在环节动物（例如，常见的蚯蚓）身上它是长长的一系列的环。在紧邻环节动物的较高一级的多足纲节肢动物身上，这些环数目较少却更密致。在较高级的多足纲节肢动物身上，它们连接成比较少的大而壮实的环节；而在昆虫类身上这种凝缩还要更进一步。谈到甲壳类动物身上类似的变化——其中最低级的构造很像蜈蚣，而其中最高级的（蟹）则有许多环节连接起来——琼斯教授说："甚至从环节动物到多足纲节肢动物，从多足纲节肢动物再到昆虫、蝎和蜘蛛所经过的各个阶段——当我们这样回顾我们面前这一门类的逐步发展时——它们好像都被重复了。"再者，请注意外骨骼的改变和内骨骼的改变也是相似的。脊椎骨在鱼和蛇类爬虫身上数目很多。在较高级爬虫类身上它们就少一些，在哺乳类动物身上又少一些；当它们的数目减少时，它们的形式和它们的附属物的功能也变得多种多样了，而不像在鳝鱼和蛇身上几乎全都相同。运动器官也是如此。海胆的脊骨和海星的吸盘都是众多的。蜈蚣的腿也是一样。在甲壳类身上就减少到 14、12 和 10；在蜘蛛和昆虫身上减少到 8 和 6；在低级哺乳类动物身上减到 4；而在人身上减到 2。消化腔连续的改变属于类似性质。它的最低级形式是一个袋子，只有一个孔。而后是一根管子，有两个孔，具有不同的功能。在最高级的动物身上，这根管子不是从头到尾都由吸收体构成——即是说，不是相似部分的集合体——而变成许多不相同的部分，具有不同的结构，以适应营养功能现在被划分成的那些不同的阶段。甚至把人定为两手类以区别于联系最密切的四手类的这种分类法，也是根据有相同形式和职责的器官数目的减少。

现在正是这同样的相似部分的结合和不相似部分的分离——正是这同样的不断增加的功能再划分——发生在社会的发展之中。最早的社会有机体组织几乎全部由同一成分的复制品组成。每一个人既是战士，又是猎手、渔人、建筑工人、农夫、工具制造者。社区的各个部分执行与每一其他部分相同的职责；很像水螅身体的每一部分都同样是胃、肌肉、皮肤和肺。甚至酋长们——在他们身上开始出现一种把职能分离开来的倾向——在经济方面也仍然保持着和其余人的相似性。下一个阶段作为区别的是把这些社会单位分成不同的阶级：战士、僧侣和奴隶。再往前进一步是把劳动者分成不同的等级，他们有特殊的职业——如同在印度人当中那样。不用进一步举例证明，读者就会立刻觉察到，从这些低级类型的社会到我们自己复杂的更加完备的社会，进步一直具有相同的性质。同时他也会觉察到这种相似部分的结合——如表现为把特别的制造业集中在特别的地区——和这种功能各异的作用者的分离——如表现为愈来愈精细的再分工——还在继续进行。[①]

这里所说的类似性的重要意义在于作为上述事实后果的又一事实：低级结构与高级结构的社会所表现的敏感性在程度上是不相同的，正如加以同样对比的各种动物一样。低级有机体在各部分被割成碎片后，各部分还能继续生存的那种机能，是刚刚描述的另一特性的显而易见的自然结果；那一特性就是：它们是由许多相同成分的复制品组成的。一只水螅被分割成的各部分具有成长为完全的水螅的能力，这显然意味着每一部分都含有生命所需要的一切器官；而只有当那些器官在原来身体的每一部分都重复出现时，各个部分才能有这样性质。反之，以比较高级的方式组织而成的生物的任何组成部分在和其余部分分离时就不能够生存，其原因就在于它未包括所有的生命要素，而要依靠与它相分割的那些部分来供给它营养、神经能量、氧气等等。那么，当然，最早的和最近的社会形式，因为在结构上同样地有区别，在对伤害的敏感方面也将同样地有区别。因此，一个野蛮人的部落可以被分割和再分割，而给各个部分只带来很少或并不带来任何不便。每一部分都

① 在以上两节包含的概括中，以及在对它们的类似性的认识中，可以看出走向进化论一般原理的第一步。由于它们可以追溯到1850年，它们表明这第一步比我设想的时间还要早一些。

包含整个部落原来包含的各种要素——照样自给自足，而且很快又会采用构成一个独立部落的简单的组织形式。因此，相反地，在一个类似于我们自己的社区的社区里，没有一个部分可以割掉或加以伤害而不使所有的部分都遭受痛苦。把用来分配商品的机构消灭吧，那么在能够建立起另一个分配机构以前，许多其余的机构就会灭亡。如果突然间把制造业部分和农业部分分割开，那么前者就会立即消灭，而后者则将长期在贫困和痛苦中苟延残喘。这种相互依赖的关系每天都表现在商业的变化上。让工厂工人减少工作时间吧，伦敦和利物浦的殖民地产品市场马上就会变得萧条。店主是忙还是闲，要看小麦收获的数量。而一次土豆歉收可能把经营英国统一公债的商人毁掉。

因此，我们发现，一个社会和一个活的动物之间的类似性不仅被证实到平常提出它的人们完全未料想到的程度，而且生命的同一定义对两者也都适用。这种由许多人构成一个社区的联合；这种原来独立的各单位间不断增强的相互依赖关系；这种公民们逐渐组成具有互利功能的不同团体的分离倾向；这种包含不相似部分的整体的形成；这种一部分受到伤害不能不使其余部分也感觉到伤害的有机体的成长——所有这些全都可以根据个体化的法则加以概括。社会的发展，也和人的发展及一般生命的发展一样，可以描述为一种个体化——变成一个事物——的倾向。如果正确地加以阐释，我们周围正在发生的多种多样形式的进步全都意味着这种倾向。

现在再回到我们的出发点，当发现社会及其成员之间存在如此重大的联系时，公共利益与私人利益是基本一致的这一事实，就不会不更加清楚地被认识了。虽然绝对相信刚刚探讨的以类似性为根据的那些结论将是危险的，然而，既然它们与由日常经验推断出的结论是一致的，它们无疑将加强这些结论。当公民在看到破坏公平所招致的反应之后思考他与国家的关系时；当他获悉国家也有一种生命，并和一个生物一样遵从相同的成长和组织规律时；当他发现社会的健康在一定程度上依靠他所参与的某些职能的执行，他的幸福也依靠社会躯体内每一器官的正常运行时；当他适当地理解这一点时——他必然会明白，他自己的福利和所有人的福利是不可分的。他必然会明白，无论是什么造成了社区的某一部分的疾病状态，都一定会不可避免地使所有其他部分受到伤害。他必然会明白，他自己的生命只能以社会变成它应有状态的同样速度，变成它应有的那个样子。简言之，他必然会对这有益的真理获得深刻的印象：在一切人都自由以前，没有任何人能完全地自由；在一切人都有道德以前，没有任何人能完全地有道德；在一切人都幸福以前，没有任何人能完全地幸福。

图书在版编目(CIP)数据

社会静力学/(英)赫伯特・斯宾塞著;张雄武译.—北京:商务印书馆,2017
(汉译世界学术名著丛书:120 年纪念版:珍藏本)
ISBN 978-7-100-14382-0

Ⅰ. ①社… Ⅱ. ①赫… ②张… Ⅲ. ①政治社会学—研究 ②社会哲学—英国—近代 Ⅳ. ①D091.4 ②B561.45

中国版本图书馆 CIP 数据核字(2017)第 151998 号

汉译世界学术名著丛书
(120 年纪念版・珍藏本)
社 会 静 力 学
(节略修订本)
〔英〕赫伯特・斯宾塞 著
张雄武 译

商 务 印 书 馆 出 版
(北京王府井大街 36 号 邮政编码 100710)
商 务 印 书 馆 发 行
北京新华印刷有限公司印刷
ISBN 978-7-100-14382-0

2017 年 12 月第 1 版　　开本 710×1000 1/16
2017 年 12 月北京第 1 次印刷　　印张 17
定价:85.00 元